PARA DEVOCIONAIS INDIVIDU

Pão Diário

90 reflexões para seu momento devocional

FOTO DA CAPA: ©Stock Adobe; ©Freepik; ©Shutterstock

TRADUÇÃO: Elisa Tisserant de Castro, Cláudio F. Chagas,
Irene Giglio, Elizabeth Hecke; **REVISÃO:** Dalila de Assis
EDIÇÃO: Rita Rosário; **DIAGRAMAÇÃO:** Rebeka Werner

ESCRITORES

Albert Lee	David C. McCasland	Marvin L. Williams
Anne M. Cetas	David H. Roper	Philip D. Yancey
Chek Phang Hia	H. Dennis Fisher	Poh Fang Chia
Cindy Hess Kasper	Jennifer Benson Schuldt	Randy K. Kilgore
Dave Branon	Joseph M. Stowell	William E. Crowder
	Julie Ackerman Link	

CRÉDITOS

Dia 25 e 35 extraído e adaptado de: *Oração Ela faz alguma diferença?*, de Philip D. Yancey © 2002, Ed. Vida; Dia 53 extraído e adaptado de: *Rumores de outro mundo*, de Philip D. Yancey © 2004, Ed. Vida; Dia 74 extraído e adaptado de: *Descobrindo Deus nos lugares mais inesperados*, de Philip D. Yancey © 2005, Ed. Mundo Cristão.

Exceto se indicado o contrário, as citações bíblicas são extraídas
da Versão Revista e Atualizada de João F. de Almeida
© 2009 Sociedade Bíblica do Brasil.

Pedidos de permissão para usar citações deste livro devem ser direcionados a:
permissao@paodiario.org

CV914 • ISBN: 9786553505407 (cruz)   ZM923 • ISBN: 9786553505360 (flores)
LE233 • ISBN: 9786553505148 (leão)   JF902 • ISBN: 9786553505391 (montanha)

© 2024 Ministérios Pão Diário. Todos os direitos reservados.
Impresso na China

Portuguese ODB Edition

BEM-VINDO AO *PÃO DIÁRIO*

O *Pão Diário* destaca a alegria que podemos obter quando temos um relacionamento pessoal com Jesus Cristo e, também, a sabedoria transformadora e atemporal que é encontrada na sagrada Palavra de Deus. Neste exemplar, você encontrará 90 meditações inspiradoras que fazem parte do conhecido devocional *Pão Diário*. Cada texto é baseado em uma passagem das Escrituras e desenvolve-se em torno de uma história ou ilustração que ajuda a tornar a sabedoria da Bíblia compreensível e acessível, de maneira que incentivará você a viver o seu relacionamento com Cristo em seu dia a dia.

Investir parte do seu tempo com Deus é vital para a caminhada cristã. Podemos fazer isso quando lemos a Bíblia, conversamos com Ele em oração e meditamos sobre o que lemos em Sua Palavra. Quanto mais fazemos isso, melhor nós o conhecemos e mais a nossa vida começa a refletir Sua imagem e Sua verdade. Esperamos que estas leituras devocionais ajudem você a estabelecer um hábito saudável e lhe tragam orientação espiritual e encorajamento ao longo do caminho.

"Centrar-se em Deus prepara o nosso coração e nos fortalece para o dia. Naquele lugar calmo do encontro com Ele, o Senhor nos conforta, nos instrui e nos escuta. É ali que aprendemos a amar e a adorá-lo um pouco mais. É também na comunhão com Ele que compreendemos as Suas palavras e cedemos à Sua vontade uma vez mais. É na intimidade desse encontro pessoal diário com Deus que recebemos a perspectiva divina sobre os problemas e as possibilidades do nosso dia." 🍞

DAVID ROPER

DEVOCIONAL do DIA 1 *Poder de Deus*

Excelente situação

Na **Primeira** Batalha do Marne, durante a Primeira Guerra Mundial, o tenente-general francês Ferdinand Foch enviou o seguinte comunicado: "Meu centro está desistindo, minha direita está em retirada. Excelente situação. Estou atacando." Sua disposição de ver esperança numa situação difícil eventualmente levou suas tropas à vitória.

LEITURA:
Filipenses 1:3-14

...as coisas que me aconteceram têm, antes, contribuído para o progresso do evangelho. (v.12)

Algumas vezes, nas batalhas da vida, podemos sentir como se estivéssemos perdendo em todas as frentes. A família em desacordo, os negócios em retrocesso, as finanças em calamidade ou a saúde em declínio podem acrescentar um viés pessimista ao modo como vemos a vida. Mas aquele que crê em Cristo pode sempre encontrar um modo para concluir: "Excelente situação".

Veja Paulo. Quando ele foi jogado na prisão por anunciar o evangelho, sua atitude foi surpreendentemente otimista. Ele escreveu à igreja de Filipo: "Quero ainda, irmãos, cientificar-vos de que as coisas que me aconteceram têm, antes, contribuído para o progresso do evangelho" (FILIPENSES 1:12).

Paulo encarou o seu aprisionamento como uma nova plataforma para evangelizar a guarda do palácio romano. Além disso, outros cristãos foram encorajados pela situação de Paulo a compartilhar o evangelho com mais ousadia (vv.13,14).

Deus pode usar as nossas provações para que cooperem para o bem, apesar da dor que trazem (ROMANOS 8:28). Essa é apenas mais uma forma de podermos honrá-lo.

HDF

As provações podem ser a estrada de Deus para o triunfo.

DEVOCIONAL do DIA 2 *Deus, Pai*

Adoção

Minha esposa, Marlene, e eu estamos casados há mais de 35 anos. Quando começamos a namorar, tivemos uma conversa que nunca esqueci. Ela me disse que fora adotada aos seis meses de vida. Quando lhe perguntei se ela já tinha se questionado sobre seus pais biológicos, ela respondeu: "Minha mãe e meu pai poderiam ter escolhido qualquer um dentre os inúmeros bebês naquele dia, mas escolheram a mim. Eles me adotaram. Eles são os meus verdadeiros pais."

> **LEITURA:**
> **Efésios 1:3-12**
>
> ...assim como nos escolheu, nele [...] nos predestinou para ele, para a adoção de filhos, por meio de Jesus Cristo... (vv.4,5)

A intensa identificação e gratidão que ela tem por seus pais adotivos deveria também marcar o nosso relacionamento com Deus. Como seguidores de Cristo, nascemos do alto por meio da fé nele e fomos adotados na família de Deus. Paulo escreveu: "...assim como nos escolheu, nele, antes da fundação do mundo, para sermos santos e irrepreensíveis perante ele; e em amor nos predestinou para ele, para a adoção de filhos, por meio de Jesus Cristo, segundo o beneplácito de sua vontade" (EFÉSIOS 1:4,5).

Perceba a natureza desse procedimento. Fomos escolhidos por Deus e adotados como Seus filhos e filhas. Por meio da adoção, temos um relacionamento radicalmente novo com Deus. Ele é o nosso Pai amado!

Que esse relacionamento estimule os nossos corações a adorá-lo — nosso Pai — com gratidão. *WEC*

Deus ama a cada um de nós individualmente. AGOSTINHO

DEVOCIONAL do DIA 3 *Serviço*

A vida escondida

Há alguns anos, encontrei um poema de George MacDonald intitulado *The Hidden Life* (A vida escondida). O poema conta a história de um jovem muito inteligente que desistiu de uma prestigiosa carreira acadêmica para voltar a viver com seu pai idoso e sua família na fazenda. Lá, ele se comprometeu com o que MacDonald chamou de "feitos comuns" e "formas simples de assistência humana". Seus amigos lamentaram o que viram considerando um desperdício dos talentos do rapaz.

> **LEITURA:**
> **Colossenses 3:12-17**
>
> E tudo o que fizerdes, seja em palavra, seja em ação, fazei-o em nome do Senhor Jesus... v.17

Talvez você também sirva em algum lugar despercebido, e suas atividades sejam consideradas algo comum. Outros podem pensar que é um desperdício. Mas Deus não desperdiça nada. Todo ato de amor expresso por dedicação a Ele é reconhecido e tem consequências eternas. Todo lugar, não importa quão pequeno, é solo santo. A influência significa mais do que simples ações e palavras. Pode ser simplesmente uma questão de ajuda a outro ser humano: estar presente, ouvir, compreender a necessidade, amar e orar. É isso o que torna a rotina diária em adoração e serviço.

O apóstolo Paulo desafiou os colossenses: "E tudo o que fizerdes, seja em palavra, seja em ação, fazei-o em nome do Senhor Jesus..." e "...fazei-o de todo o coração, como para o Senhor e não para homens [...] cientes de que recebereis do Senhor a recompensa da herança" (COLOSSENSES 3:17,23,24). Deus reconhece o que fazemos em Seu nome e se alegra em nos usar como Seus instrumentos.

DHR

A forma de conquistar muito para Cristo é servindo-o de todas as maneiras que podemos.

DEVOCIONAL do DIA 4 — *Paciência*

A longo prazo

Uma pesquisa feita em 2006 com mais de mil adultos revelou que a maioria das pessoas leva em média 17 minutos para perder a paciência enquanto espera em uma fila. A maioria das pessoas também perde a paciência em apenas nove minutos enquanto espera no telefone. A impaciência é uma característica comum.

Tiago escreveu para um grupo de cristãos que lutavam para ser pacientes na espera pela volta de Jesus (TIAGO 5:7). Eles estavam vivendo sob exploração e aflição e Tiago os encorajou a "arrumar seus despertadores de humor" para o modo "longo prazo". Desafiando esses cristãos a perseverar sob o sofrimento, ele tentou encorajá-los a permanecerem e a viverem sacrificialmente até que o Senhor voltasse para consertar tudo que estava errado. Ele escreveu: "...fortalecei o vosso coração, pois a vinda do Senhor está próxima" (v.8).

> **LEITURA:**
> Tiago 5:7-11
>
> Sede, pois, irmãos, pacientes, até à vinda do Senhor... v.7

Tiago os chamou para serem como o fazendeiro que espera pacientemente pela chuva e pela colheita (v.7) e como os profetas e o patriarca Jó, que demonstraram perseverança em meio às dificuldades (vv.10,11). A linha de chegada estava logo adiante, e Tiago encorajou os cristãos a não desistir.

Quando estamos sendo provados e submetidos a provas ou angústias extremas, Deus deseja nos ajudar a continuaremos vivendo por fé e confiando em Sua compaixão e misericórdia (v.11).

MLW

Para muita paciência — grandes provações.

DEVOCIONAL do DIA 5 — *Perseguição*

Mais do que sobreviver

Os exércitos invasores de Mussolini forçaram todos os missionários que serviam na região de Walamo a fugirem da Etiópia em abril de 1937. Eles deixaram 48 cristãos convertidos para trás, e estes tinham pouco mais do que o evangelho de Marcos para alimentar o seu crescimento espiritual. Poucos sabiam ler. Mas, quatro anos depois, quando os missionários retornaram, a igreja não tinha simplesmente sobrevivido, mas tinha atingido o número de 10 mil pessoas!

> **LEITURA:**
> **1 Ts 2:17–3:7**
>
> **...trazendo-nos boas notícias da vossa fé e do vosso amor...** 3:6

Quando o apóstolo Paulo foi forçado a deixar Tessalônica (ATOS 17:1-10), ele ansiava por saber sobre a sobrevivência do pequeno grupo de cristãos que havia deixado para trás (1 TESSALONICENSES 2:17). Mais tarde, quando Timóteo visitou a igreja dos tessalonicenses, ele levou notícias a Paulo em Atenas sobre a "fé e o amor" do povo (1 TESSALONICENSES 3:6). Eles tinham se tornado "exemplos" aos cristãos das regiões vizinhas na Macedônia e Acaia (1 TESSALONICENSES 1:8).

Paulo nunca reivindicou o crédito por nenhum crescimento numérico em seu ministério nem o atribuiu a outra pessoa. Antes, deu o crédito a Deus. Ele escreveu: "Eu plantei, Apolo regou; mas o crescimento veio de Deus" (1 CORÍNTIOS 3:6).

As circunstâncias difíceis podem frustrar até mesmo as nossas melhores intenções, separando amigos por certo tempo. Mas Deus está aumentando os números de Sua igreja por meio de toda dificuldade. Precisamos apenas ser fiéis e deixar os resultados para Ele. 🌱

CPH

...edificarei a minha igreja, e as portas do inferno não prevalecerão contra ela. **JESUS (MATEUS 16:18)**

DEVOCIONAL do DIA 6 — *Provações*

Perspectiva celestial

anny Crosby perdeu a visão ainda criança. No entanto, surpreendentemente ela se tornou uma das mais conhecidas compositoras de hinos cristãos. Durante sua longa vida, ela escreveu mais de nove mil hinos. Entre eles estão os sempre favoritos como "Que segurança! Sou de Jesus" e "A Deus demos glória".

Algumas pessoas sentiam pena de Fanny. Um pregador bem-intencionado disse-lhe: "Acho uma grande tristeza que o Mestre não lhe tenha dado visão, tendo derramado tantos outros dons sobre você". Parece difícil acreditar, mas ela respondeu: "Sabia que, se no dia do meu nascimento eu pudesse ter feito um pedido, teria pedido para nascer cega? [...] Porque, quando chegar ao céu, o primeiro rosto com o qual alegrarei o meu olhar será o do meu Salvador".

> **LEITURA:**
> **2 Coríntios 4:16-18**
>
> ...as [coisas] que se veem são temporais, e as que se não veem são eternas. v.18

Fanny via a vida com uma perspectiva eterna. Os nossos problemas têm uma aparência diferente à luz da eternidade: "Porque a nossa leve e momentânea tribulação produz para nós eterno peso de glória, acima de toda comparação, não atentando nós nas coisas que se veem, mas nas que se não veem; porque as que se veem são temporais, e as que se não veem são eternas" (2 CORÍNTIOS 4:17,18).

Todas as nossas tribulações tornam-se opacas quando nos lembramos daquele dia glorioso no qual veremos Jesus! HDF

---

*A maneira como vemos a eternidade afetará
o modo como vivemos agora.*

DEVOCIONAL do DIA 7 *Semelhança de Cristo*

Todo arrumado

Arrumar bem os nossos filhos para a igreja foi sempre um desafio. Dez minutos após chegar à igreja todo arrumado, nosso pequeno Mateus já parecia uma criança sem pais. Eu o via correndo pelo corredor com metade de sua camiseta para fora da calça, óculos tortos, arrastando os sapatos e migalhas de biscoito decorando suas roupas. À mercê de si mesmo, ele era um desastre.

LEITURA:
Judas 1:20-25

...àquele que é poderoso para vos guardar de tropeços e para vos apresentar [...] imaculados... v.24

Pergunto-me se é assim que somos algumas vezes. Após Cristo ter nos revestido com Sua justiça, tendemos a divagar e viver de maneira que não nos faz parecer que pertencemos a Deus. É por isso que a promessa de Judas de que Jesus "...é poderoso para vos guardar de tropeços e para vos apresentar [...] imaculados... " me dá esperança (JUDAS 1:24).

Como podemos evitar nos parecer com alguém que não tem um Pai celestial? Ao nos tornarmos mais submissos ao Seu Espírito e aos Seus caminhos, Ele nos impedirá de tropeçar. Pense em como nossas vidas se transformariam para melhor se investíssemos tempo em Sua Palavra para sermos limpos com a "...lavagem de água pela palavra" (EFÉSIOS 5:26).

Que bênção o fato de Jesus prometer tomar nossa vida trôpega e desalinhada e nos apresentar imaculados ao Pai! Que cada vez mais possamos nos parecer como filhos do Rei ao refletirmos o Seu cuidado amoroso e a Sua atenção. JMS

Para refletir a presença do Pai, precisamos confiar no Seu Filho.

DEVOCIONAL do DIA 8 *Poder de Deus*

Tijolos sem palha

Muitos de nós enfrentamos o desafio de trabalhar com recursos limitados. Equipados com menos dinheiro, menos tempo, energia reduzida e poucos ajudantes, nossa carga de trabalho permanece a mesma. Algumas vezes, é até maior. Há um ditado que resume esta situação: "Menos barro para mais tijolos."

Essa frase refere-se às dificuldades dos israelitas como escravos no Egito. O Faraó decidiu interromper o fornecimento de palha e, no entanto, exigiu que fabricassem o mesmo número de tijolos todos os dias. Eles exploraram a terra para encontrar recursos, enquanto os capatazes do Faraó os açoitavam e os pressionavam para trabalharem ainda mais (ÊXODO 5:13). Os israelitas ficaram tão desencorajados que não ouviram quando Deus disse por meio de Moisés, "...vos livrarei da sua servidão, e vos resgatarei com braço estendido..." (6:6).

> LEITURA:
> Êxodo 6:1-13
>
> ...vos livrarei da sua servidão, e vos resgatarei com braço estendido... v.6

Apesar de os israelitas recusarem-se a ouvir a mensagem de Deus, o Senhor ainda estava guiando e dirigindo Moisés, preparando-o para falar com o Faraó. Deus permaneceu firmemente do lado de Israel — trabalhando nos bastidores. Como os israelitas, podemos ficar tão abatidos a ponto de ignorarmos o encorajamento. Em momentos de escuridão, é consolador lembrar-se de que Deus é o nosso libertador (SALMO 40:17). Ele está sempre agindo para o nosso bem, mesmo que não possamos ver o que Ele está fazendo.

JBS

Os momentos de dificuldades são momentos para a confiança.

DEVOCIONAL do DIA 9 *Provações*

Linha de carga

No século 19, os navios eram, com frequência, sobrecarregados temerariamente, o que resultava em naufrágio e tripulações perdidas no mar. Para remediar essa prática negligente, em 1875, o político britânico Samuel Plimsoll coordenou o pedido para que a legislação criasse uma linha ao lado do navio para indicar se o navio carregava carga em excesso. Essa linha de carga tornou-se conhecida como a *marca de Plimsoll*, e continua a marcar os cascos de navios até hoje.

> **LEITURA:**
> **1 Pedro 5:5-9**
>
> **Humilhai-vos [...] para que ele [...] vos exalte, lançando sobre ele toda a vossa ansiedade, porque ele tem cuidado de vós.** vv.6,7

Algumas vezes, assim como aqueles navios, a nossa vida pode parecer sobrecarregada por medos, lutas e aflições. Podemos até sentir o perigo de um naufrágio. Nesses momentos, no entanto, é reconfortante lembrarmos de que temos um recurso extraordinário. Temos um Pai celestial pronto para nos ajudar e carregar essa carga. O apóstolo Pedro disse: "Humilhai-vos, portanto, sob a poderosa mão de Deus, para que ele, em tempo oportuno, vos exalte, lançando sobre ele toda a vossa ansiedade, porque ele tem cuidado de vós" (1 PEDRO 5:6,7). Ele é capaz de lidar com as preocupações que nos oprimem.

Ainda que os testes da vida possam parecer fardos pesados demais para serem carregados, podemos ter certeza total de que nosso Pai celestial nos ama profundamente e conhece nosso limite de carga. Seja o que enfrentarmos, Ele nos ajudará a suportar.

WEC

Deus pode nos guiar a águas turbulentas para aprofundar a nossa confiança nele.

DEVOCIONAL do DIA 10 *Soberania de Deus*

Melhor que o planejado

As interrupções não são novidade. Raramente um dia corre como o planejado. A vida é cheia de inconveniências. Os nossos planos são constantemente contrariados por circunstâncias além do nosso controle. A lista é longa e sempre mutante. Doenças, conflitos, engarrafamentos, esquecimentos, mau funcionamento de equipamentos, grosserias, preguiça, falta de paciência, incompetência.

> LEITURA:
> Efésios 5:15-21
>
> ...dando sempre graças por tudo... v.20

O que não podemos ver, no entanto, é o outro lado da inconveniência. Acreditamos não ter outro propósito além de nos desencorajar, dificultar a vida e frustrar os nossos planos. Entretanto, a inconveniência poderia ser o jeito de Deus nos proteger do perigo despercebido, ou poderia ser uma oportunidade de demonstrar a graça e o perdão de Deus. Pode ser o começo de algo muito melhor do que havíamos planejado. Ou poderia ser um teste para verificar como reagimos à adversidade. Seja o que for, mesmo que não conheçamos os motivos de Deus, podemos estar certos do que Ele quer: tornar-nos mais parecidos com Jesus e expandir o Seu reino na terra.

Dizer que através da história os seguidores de Deus encontraram "inconveniências" é eufemismo. Mas Deus tem um propósito. Sabendo disso, podemos agradecê-lo, confiantes de que Ele nos dá uma oportunidade de remir o tempo (EFÉSIOS 5:16,20).

JAL

O que acontece conosco não é tão importante quanto o que Deus faz em nós e por nosso intermédio.

DEVOCIONAL do DIA 11   *Semelhança de Cristo*

Grandes expectativas

Certa vez perguntei a um terapeuta quais eram os maiores problemas que traziam as pessoas até ele. Sem hesitar, ele respondeu: "A raiz de muitos problemas é a expectativa frustrada; se não for lidada corretamente, transforma-se em raiva e amargura."

Em nossos melhores momentos, é fácil esperar que estejamos cercados por pessoas boas que gostem de nós e que nos apoiem. Mas a vida tem um jeito de acabar com essas expectativas. O que fazer então?

Encarcerado e cercado por companheiros cristãos em Roma que não gostavam dele (FILIPENSES 1:15-16), Paulo permaneceu surpreendentemente otimista. A seu modo de ver, Deus havia lhe dado um novo campo missionário. Enquanto estava sob prisão domiciliar, ele testemunhou aos guardas sobre Cristo, que então levaram o evangelho para a casa de César. E ainda que os seus adversários estivessem pregando o evangelho com motivações incorretas, Cristo estava sendo anunciado, e por essa razão Paulo se regozijava (v.18).

> LEITURA:
> **Filipenses 1:12-21**
>
> ...segundo a minha ardente expectativa e esperança de que em nada serei envergonhado... v.20

Paulo nunca esperou estar num grande lugar ou que gostassem dele. Sua única expectativa era de que "Cristo fosse engrandecido" por meio dele (v.20). Ele não estava decepcionado.

Se a nossa expectativa for tornar Cristo conhecido àqueles ao nosso redor independentemente de onde ou com quem estivermos, essas expectativas serão correspondidas e até mesmo superadas. Cristo será engrandecido.

JMS

---

*Que a sua única expectativa seja magnificar
a Cristo onde e com quem você estiver.*

DEVOCIONAL do DIA 12　　　　　　　　　　　　　　*Fé*

Decida resolver

Desde 1975 não faço resoluções de Ano Novo. Não preciso de nenhuma resolução nova — ainda estou lidando com as antigas como: escrever pelo menos uma nota curta em meu diário todos os dias; fazer grande esforço para ler minha Bíblia e orar todos os dias; organizar meu tempo; tentar manter meu quarto limpo (isto foi antes de eu ter uma casa inteira para limpar).

> **LEITURA:**
> **Romanos 14:1-13**
>
> ...tomai o propósito de não pordes tropeço ou escândalo ao vosso irmão. v.13

Este ano, entretanto, estou acrescentando uma nova resolução que encontrei na carta de Paulo aos Romanos: "Não nos julguemos mais uns aos outros; pelo contrário, tomai o propósito de não pordes tropeço ou escândalo ao vosso irmão" (14:13). Apesar dessa resolução ser antiga (mais de 2 mil anos), deveríamos renová-la anualmente. Como os cristãos em Roma há séculos, os cristãos de hoje algumas vezes inventam regras para os outros seguirem e insistem na adesão de certos comportamentos e crenças sobre os quais a Bíblia pouco fala ou talvez nem mencione.

Essas "pedras de tropeço" trazem dificuldades para os seguidores de Jesus continuarem no caminho de fé que Ele veio nos mostrar — que essa salvação é pela graça e não obras (GÁLATAS 2:16). É necessário apenas que confiemos em Sua morte e ressurreição para o perdão.

Podemos celebrar as boas-novas de Cristo no ano que está começando resolvendo não estabelecer barreiras que fazem as pessoas tropeçarem.

JAL

A fé é a mão que recebe a dádiva de Deus
e os pés que caminham com Ele.

DEVOCIONAL do DIA 13
Unidade

Manter a unidade

Um homem perdido sozinho numa ilha finalmente foi resgatado. Seus resgatadores perguntaram-lhe sobre as três cabanas que viram ali. Ele as mostrou e disse: "Esta aqui é minha casa e aquela é minha igreja." Ele então apontou para a terceira cabana: "Aquela outra era minha antiga igreja". Ainda que possamos rir da simplicidade desta história, ela realça uma preocupação com a unidade entre os cristãos.

A igreja de Éfeso durante a época do apóstolo Paulo consistia de ricos e pobres, judeus e gentios, homens e mulheres, senhores e escravos. E onde existem diferenças, existem também os atritos. Uma preocupação sobre a qual Paulo escreveu era a questão da unidade. Mas observe o que Paulo disse sobre isso na carta aos Efésios 4:3. Ele não lhes disse para serem "ávidos em produzir ou organizar a unidade". Ele lhes disse que se esforçassem "...por preservar a unidade do Espírito no vínculo da paz". A unidade já existe porque os cristãos compartilham de um corpo, um Espírito, uma esperança, um Senhor, uma fé, um batismo e um Deus e Pai de todos (vv.4-6).

> LEITURA:
> **Efésios 4:1-6**
>
> ...esforçando-vos diligentemente por preservar a unidade do Espírito no vínculo da paz. v.3

De que maneira "mantemos a unidade"? Expressando as nossas opiniões e convicções diferentes com humildade, gentileza e paciência (v.2). O Espírito nos dará o poder para reagirmos com amor em relação àqueles de quem discordamos.

AL

A unidade entre os cristãos vem de nossa união com Cristo.

DEVOCIONAL *do* DIA 14 — *Medo*

Onde moram os medos

Doze anos de casados, minha esposa e eu estávamos desencorajados pela montanha-russa emocional de criar esperanças que depois seriam frustradas na tentativa de ter filhos. Um amigo tentou "explicar" o modo de pensar de Deus. "Talvez Deus saiba que você seria um pai ruim," ele disse. Ele sabia que minha mãe havia lutado com um temperamento terrível.

Entretanto, no Natal de 1988, descobrimos que estávamos esperando o nosso primeiro bebê! Mas agora eu tinha este medo persistente do fracasso.

Em agosto do ano seguinte, Kathryn começou a fazer parte da nossa família. Enquanto as enfermeiras e os médicos cuidavam de minha esposa, Kathryn chorava na incubadora. Ofereci minha mão para confortá-la e seus pequeninos dedos envolveram o meu. Naquele momento, o Espírito Santo moveu-se impetuosamente em mim, assegurando-me do que eu tinha apenas recentemente duvidado — que eu demonstraria amor a esta pequenina!

> **LEITURA:**
> **1 Reis 17:17-24**
>
> Em me vindo o temor, hei de confiar em ti.
> Salmo 56:3

A viúva de Sarepta também tinha dúvidas. Seu filho tinha sido atingido por uma doença letal. Em seu desespero ela clamou: "...Vieste a mim para trazeres à memória a minha iniquidade e matares o meu filho?" (1 REIS 17:18). Mas Deus tinha outros planos!

Nós servimos a um Deus que é mais poderoso do que as lutas que herdamos e que é cheio do desejo de perdoar, amar e sanar a ruptura que surge entre nós e Ele. Deus está presente nos lugares onde nossos medos vivem.

RKK

O amor nada contra a corrente dos falsos medos da vida.

DEVOCIONAL do DIA 15 — *Adoração*

O criador que cura

Há alguns anos, sofri um sério acidente de esqui e tive um severo estiramento muscular em uma das pernas. Na verdade, meu médico me disse que o estiramento causou sangramento excessivo. O processo de cura foi lento, mas, durante aquele tempo de espera, me senti maravilhado com o nosso grande Criador (COLOSSENSES 1:16).

> **LEITURA:**
> **Salmo 139:1-16**
>
> Graças te dou, visto que por modo assombrosamente maravilhoso me formaste... v.14

Já amassei alguns para-lamas de carro em minha vida e já quebrei mais de um prato. Todos sempre permaneceram quebrados. Com a minha perna foi diferente. Logo que o estiramento muscular ocorreu, os mecanismos de cura interna que Cristo criou em meu corpo começaram a trabalhar. Invisivelmente, lá dentro de minha perna ferida, os remédios de Seu maravilhoso projeto estavam reparando a distensão. Pouco tempo depois, estava andando por todos os lados novamente com uma nova compreensão do que o salmista quis dizer quando afirmou: "...por modo assombrosamente maravilhoso me formaste..." e meu coração se encheu de louvor (SALMO 139:14).

Algumas vezes é preciso algo como um ferimento ou uma doença para nos lembrar do imperioso projeto que carregamos em nossos corpos. Assim, na próxima vez em que você enfrentar uma interrupção indesejada — seja qual for a causa — concentre sua atenção no maravilhoso amor de Jesus e permita que Ele eleve o seu coração em gratidão e adoração em meio à dor!

JMS

A adoração ao primoroso Criador começa com um coração grato.

DEVOCIONAL *do* **DIA 16** *Líderes espirituais*

Por que causar dor?

Os pastores são alvos fáceis de críticas. Todas as semanas estão expostos, explicando com cuidado a Palavra de Deus, nos desafiando a viver segundo os padrões de Cristo. Mas algumas vezes procuramos encontrar algo para criticar. É fácil negligenciar todas as coisas boas que um pastor faz e nos concentrarmos apenas em nossas opiniões pessoais.

> LEITURA:
> **Hebreus 13:17-19**
>
> **Obedecei aos vossos guias [...], pois velam por vossa alma...** v.17

Como todos nós, os nossos pastores são imperfeitos. Então não estou dizendo que deveríamos segui-los cegamente e nunca confrontar o erro da maneira correta. Mas algumas palavras do escritor da carta aos Hebreus podem nos ajudar a encontrar a maneira certa de pensarmos em nossos líderes que nos apresentam a verdade de Deus sendo líderes exemplares com a atitude de servos. O escritor diz: "Obedecei aos vossos guias e sede submissos para com eles; pois velam por vossa alma, como quem deve prestar contas..." (13:17).

Pense nisso. Diante de Deus, o nosso pastor é responsável por nos guiar espiritualmente. Nós devemos querer que esse fardo seja motivo de alegria e não de opressão. Essa passagem indica que causar sofrimento ao pastor "...não aproveita a vós outros" (v.17).

Honramos a Deus e melhoramos a situação para a nossa igreja quando honramos quem Ele designou como nossos líderes. Sejamos agradecidos pela pessoa que Deus nos concedeu como pastor e vamos encorajar e apoiá-los em sua tarefa.

JDB

Os pastores que compartilham a Palavra de Deus precisam de uma boa palavra do povo de Deus.

DEVOCIONAL do DIA 17 *Modo de comunicar*

Sobre ouvir

"**Deus deu** a você dois ouvidos e uma boca por uma razão", diz o ditado. A habilidade de ouvir é essencial para a vida. Os conselheiros nos dizem para ouvirmos uns aos outros. Os líderes espirituais nos dizem para ouvirmos a Deus. Mas dificilmente alguém nos dirá: "Ouça a você mesmo." Não estou sugerindo que temos uma voz interior que sempre sabe a coisa certa a dizer. Nem estou dizendo que deveríamos ouvir a nós mesmos em vez de ouvir a Deus e aos outros. Estou sugerindo que precisamos ouvir a nós mesmos para descobrirmos como os outros estão recebendo as nossas palavras.

> LEITURA:
> **Êxodo 16:1-8**
>
> **Não te precipites com a tua boca, nem o teu coração se apresse a pronunciar palavra alguma diante de Deus...**
> Eclesiastes 5:2

Os israelitas poderiam ter seguido este conselho quando Moisés os liderava para fora do Egito. Poucos dias após a libertação miraculosa que enfrentaram, eles estavam reclamando (ÊXODO 16:2). Apesar de sua necessidade por comida ser legítima, a maneira de a expressarem não era (v.3).

Sempre que o nosso falar é fruto do medo, da raiva, da ignorância ou do orgulho — mesmo que digamos a verdade — aqueles que ouvem, ouvirão mais do que as nossas palavras. Ouvirão emoções. Mas essas pessoas não sabem se essa emoção é fruto do amor e da preocupação ou do desdém e do desrespeito. Assim corremos o risco de sermos malcompreendidos.

Se ouvirmos a nós mesmo antes de falar em voz alta, podemos julgar os nossos corações antes que as nossas palavras descuidadas machuquem outros ou entristeçam o nosso Deus. 🌀

JAL

As palavras ditas precipitadamente fazem mais mal do que bem.

DEVOCIONAL do DIA 18 — *Dons espirituais*

Precisa-se de ajudantes

Para algumas pessoas, o termo "ajudante" carrega uma conotação pejorativa. Os monitores auxiliam os professores com suas aulas. Os auxiliares ajudam os eletricistas, encanadores e advogados em seus trabalhos. Por não serem tão habilidosos na profissão, podem ser vistos como pessoas de menor valor. Mas todos são necessários para que a tarefa seja cumprida.

> **LEITURA:**
> **Romanos 16:1-16**
>
> ...mas o Consolador, o Espírito Santo [...] vos ensinará todas as coisas...
> João 14:26

O apóstolo Paulo teve muitos ajudantes em sua obra ministerial. Ele os mencionou em sua carta aos Romanos (cap.16). Ele fez uma referência especial a Febe, que "...que tem sido protetora de muitos e de mim inclusive" (v.2). Priscila e Áquila arriscaram suas vidas por Paulo (vv.3,4). E sobre Maria, Paulo disse: "...muito trabalhou por vós" (v.6).

Ajudar é um dom espiritual de acordo com 1 Coríntios 12:28. Paulo citou este dom dentre os dons do Espírito Santo que são concedidos aos cristãos no Corpo de Cristo, a Igreja. O dom de "ajuda" é tão necessário quanto os outros dons que foram mencionados.

Até mesmo o Espírito Santo é chamado de "Auxiliador". Jesus disse: "Mas o Auxiliador, o Espírito Santo [...] ensinará a vocês todas as coisas e fará com que lembrem de tudo o que eu disse a vocês" (JOÃO 14:26 NTLH).

Sejam quais forem os dons que o Espírito Santo, o Auxiliador lhe concedeu, permita que Ele o use para a Sua honra. *AMC*

Você é uma parte necessária do todo.

DEVOCIONAL do DIA 19 *Semelhança de Cristo*

A décima primeira hora

A **Primeira Guerra** Mundial foi classificada por muitos como um dos conflitos mais mortais na história humana. Milhões de pessoas perderam sua vida nessa guerra. No dia 11 de novembro de 1918, foi observado um cessar-fogo na décima primeira hora do décimo primeiro dia do mês. Durante aquele momento histórico, milhões ao redor do mundo observaram momentos de silêncio enquanto refletiam sobre o terrível custo daquela guerra — a perda de vidas e o sofrimento. Esperava-se que a "Grande Guerra", como era chamada, seria verdadeiramente "a guerra que acabaria com todas as guerras".

> LEITURA:
> **Mateus 24:3-14**
>
> ...uma nação não levantará a espada contra outra nação, nem aprenderão mais a guerra. Isaías 2:4

Apesar dos muitos conflitos militares mortais que a seguiram, a esperança por paz duradoura não desvaneceu. E a Bíblia oferece uma promessa esperançosa e realista de que um dia as guerras finalmente acabarão. Quando Cristo retornar, a profecia de Isaías se tornará verdade: "...uma nação não levantará a espada contra outra nação, nem aprenderão mais a guerra" (ISAÍAS 2:4). Então a décima primeira hora passará e a primeira hora de paz eterna em um novo céu e uma nova terra começará.

Até esse dia chegar, os que seguem a Cristo devem ser pessoas que representam o Príncipe da Paz na maneira como conduzem suas vidas e como fazem diferença em nosso mundo. 🌱

HDF

A verdadeira paz pode ser alcançada apenas em Cristo.

DEVOCIONAL do DIA 20 — *Descanso*

Repouse

Nosso cão, um *golden retriever*, consegue se empolgar tanto que pode chegar a ter uma convulsão. Para evitar que isso aconteça, tentamos acalmá-lo. Nós o acariciamos, falamos com ele em tom suave e lhe pedimos que se deite. Mas, quando ele ouve o "deita", evita o contato visual conosco e começa a reclamar. Finalmente, com um suspiro dramático de resignação, ele cede e se estatela no chão.

> **LEITURA:**
> **Êxodo 20:8-11**
>
> Ele me faz repousar em pastos verdejantes. Leva-me para junto das águas de descanso; refrigera-me a alma... Salmo 23:2,3

Algumas vezes, nós também precisamos ser lembrados de nos deitarmos. No Salmo 23, aprendemos que o nosso Bom Pastor nos faz "...repousar em pastos verdejantes..." e nos leva "...para junto das águas de descanso...". Ele sabe que precisamos da calma e do descanso que ambos oferecem, mesmo quando nós não percebemos isso.

Nossos corpos são formados para descansar regularmente. O próprio Deus descansou no sétimo dia após Sua obra de criação (GÊNESIS 2:2,3; ÊXODO 20:9-11). Jesus sabia que havia um momento para ensinar às multidões e um momento para descansar. Ele instruiu Seus discípulos: "...Vinde repousar um pouco, à parte..." (MARCOS 6:31). Quando descansamos, restabelecemos o foco e somos revigorados. Se preenchermos todas as horas com atividades — mesmo coisas que valham a pena — Deus geralmente chama nossa atenção nos fazendo "deitar".

O repouso é um presente — um bom presente do nosso Criador, que sabe exatamente do que precisamos. Louvado seja Ele por algumas vezes nos fazer "...repousar em pastos verdejantes..."

CHK

Se não separarmos um tempo para o descanso, isso nos abaterá!
HAVNER

DEVOCIONAL do DIA 21 — *Amor de Deus*

O poder do amor

Os livros sobre liderança geralmente aparecem nas listas dos mais vendidos. A maioria deles fala sobre como tornar-se um líder influente e eficaz. Mas o livro de Henri Nouwen *O perfil do líder cristão do século 21* (Ed. Atos, 2002) é escrito sob uma perspectiva diferente. O ex-professor universitário que investiu muitos anos servindo em uma comunidade de adultos mentalmente incapazes diz: "A questão não é: Quantas pessoas levam você a sério? Quanto você vai realizar? Você consegue mostrar resultados? Mas sim: Você ama o Senhor Jesus? [...]. Em nosso mundo de solidão e desespero, há uma necessidade enorme de homens e mulheres que tenham intimidade com Deus, que tem um coração que perdoa, que se importem e que queiram se aproximar e curar."

> **LEITURA:**
> **1 João 4:7-10**
>
> Nisto consiste o amor: [...] em que ele nos amou e enviou o seu Filho como propiciação pelos nossos pecados. v.10

João escreveu: "Nisto se manifestou o amor de Deus em nós: em haver Deus enviado o seu Filho unigênito ao mundo, para vivermos por meio dele. Nisto consiste o amor: não em que nós tenhamos amado a Deus, mas em que ele nos amou e enviou o seu Filho como propiciação pelos nossos pecados" (1 JOÃO 4:9,10).

"O líder cristão do futuro", Nouwen escreve: "é aquele que realmente tem intimidade com Deus que se tornou encarnado... em Jesus." Nele, descobrimos e experimentamos o amor incondicional e ilimitado de Deus.

DCM

O amor de Deus em nós nos dá um coração voltado para os outros.

DEVOCIONAL do DIA 22 *Amor de Deus*

Considere os lírios

Aprecio a natureza e gosto de louvar o seu Criador, mas algumas vezes sinto-me, indevidamente, culpada por admirá-la demais. E lembro que Jesus usava a natureza para ensinar. Para encorajar as pessoas a não se preocuparem, Ele usou simples flores silvestres como exemplo. "...Considerai como crescem os lírios do campo...". Ele disse isso e em seguida lembrou o povo de que ainda que as flores não trabalhem, Deus as veste em esplendor. E a conclusão de Jesus? Se Deus veste algo temporário com tal glória, Ele certamente fará muito mais por nós (MATEUS 6:28-34).

> **LEITURA:**
> **Salmo 19:1-6**
>
> Os céus proclamam a glória de Deus, e o firmamento anuncia as obras das suas mãos. v.1

Outras partes das Escrituras indicam que a criação é uma das formas que Deus usa para nos falar de si mesmo: "Os céus proclamam a glória de Deus, e o firmamento anuncia as obras das suas mãos." Davi escreveu. "Um dia discursa a outro dia, e uma noite revela conhecimento a outra noite" (SALMO 19:1,2).

"Os céus anunciam a sua justiça, porque é o próprio Deus que julga", Asafe disse (50:6). E Paulo escreveu: "Porque os atributos invisíveis de Deus, assim o seu eterno poder, como também a sua própria divindade, claramente se reconhecem, desde o princípio do mundo, sendo percebidos por meio das coisas que foram criadas. Tais homens são, por isso, indesculpáveis" (ROMANOS 1:20).

Deus nos ama tanto e deseja que o conheçamos que colocou provas de si mesmo para onde quer que olhemos. Que o Senhor nos dê olhos para vermos a Sua beleza em Sua criação. 🌱 JAL

Podemos reconhecer muitas lições valiosas na criação de Deus.

DEVOCIONAL do DIA 23 — *Salvação*

Grande fonte

No local onde moro, temos uma extraordinária maravilha natural — uma piscina natural de cerca de 12 metros de profundidade e quase 92 metros de largura que os nativos americanos chamavam de "Kitch-iti-kipi," ou traduzindo: "a grande água fria." Hoje essa piscina é conhecida como "A grande fonte". Ela é suprida por fontes subterrâneas que impulsionam mais de 37 litros de água por minuto através das rochas abaixo da superfície e sobre ela. Além disso, os invernos frios mantêm a temperatura constante de 7,2° C, o que significa que, mesmo nos invernos brutalmente frios, essa piscina nunca congela. Os turistas podem deleitar-se vendo as águas desta grande fonte em qualquer estação do ano.

> **LEITURA:**
> **João 4:7-14**
>
> ...aquele, porém, que beber da água que eu lhe der nunca mais terá sede; pelo contrário, a água que eu lhe der será nele uma fonte a jorrar para a vida eterna. v.14

Quando Jesus encontrou uma mulher no poço de Jacó, Ele conversou com ela sobre outra fonte de água que sempre a saciaria. Mas Jesus não falou de uma fonte, nascente, rio ou lago. Ele disse: "...aquele, porém, que beber da água que eu lhe der nunca mais terá sede; pelo contrário, a água que eu lhe der será nele uma fonte a jorrar para a vida eterna" (JOÃO 4:14).

Muito maior do que qualquer fonte natural é o refrigério que nos foi oferecido no próprio Cristo. Podemos ser saciados porque somente Jesus, a Água da Vida, pode saciar a nossa sede. Louvado seja Deus, pois Jesus é a fonte que nunca seca. 🌿

WEC

O único que verdadeiramente sacia a sede é Jesus
— a Água da Vida.

DEVOCIONAL do DIA 24 — *Preconceito*

Fim do preconceito

Um levantamento feito por uma renomada revista em 2010 continha algumas estatísticas surpreendentes: 57% dos gerentes de recrutamento e seleção acreditam que um candidato não atraente (mas qualificado) teria mais dificuldade para ser contratado; 84% deles disseram que seus chefes hesitariam em contratar um candidato qualificado, porém, mais velho; 64% disseram acreditar que as empresas deveriam ter a permissão de contratar pessoas com base na aparência. Todos são exemplos claros de preconceito inaceitável.

LEITURA:
Tiago 2:1-10

Meus irmãos, não tenhais a fé em nosso Senhor Jesus Cristo, Senhor da glória, em acepção de pessoas. v.1

Preconceito não é coisa nova. Foi algo que se infiltrou na Igreja Primitiva e que Tiago confrontou. Com ousadia profética e coração de pastor, ele escreveu: "Meus irmãos, não tenhais a fé em nosso Senhor Jesus Cristo, Senhor da glória, em acepção de pessoas" (TIAGO 2:1). Tiago deu um exemplo desse tipo de preconceito — favorecer os ricos e ignorar os pobres (vv.2-4). Isso era inconsistente em relação a ter fé em Jesus sem parcialidade (v.1), traía a graça de Deus (vv.5-7), violava a lei do amor (v.8) e era pecaminoso (v.9). O antídoto à parcialidade é seguir o exemplo de Jesus: amar ao próximo como a si mesmo.

Nós lutamos contra o pecado do preconceito quando deixamos o amor de Deus por nós se expressar plenamente na maneira como amamos e tratamos uns aos outros. 🌿

MLW

Elevar o olhar para Jesus nos impede de menosprezar os outros.

DEVOCIONAL *do* **DIA 25** *Serviço*

Papai e eu

Certa vez, um amigo passou um dia instalando grandes caminhos de pedra em seu quintal. Quando sua filha de 5 anos implorou para ajudar, ele sugeriu que ela apenas cantasse para incentivá-lo no trabalho. Ela disse não. Ela queria ajudar. Com cuidado, quando não oferecia risco a ela, o pai a deixava colocar as mãos sobre as pedras enquanto ele as movia.

Ele poderia ter assentado as pedras em menos tempo sem ela. Porém, ao fim do dia, ele tinha não só novos caminhos, mas também uma filha explodindo de orgulho. "Eu e o papai fizemos caminhos com pedras", ela anunciou no jantar daquela noite.

> **LEITURA:**
> **Mateus 9:35–10:1**
>
> Tomou, pois, o Senhor Deus ao homem e o colocou no jardim do Éden para o cultivar e o guardar. Gênesis 2:15

Desde o início, Deus contou com pessoas para levar adiante a Sua obra. Após equipar Adão para cultivar a terra e supervisionar os animais, Deus deixou o trabalho do jardim nas mãos dele (GÊNESIS 2:15-20).

O padrão tem sido mantido. Quando Deus quis um lugar de moradia na Terra, um tabernáculo e um templo. Ele não os fez descer do céu; milhares de artistas e artesãos trabalharam para dar forma às obras (ÊXODO 35–38; 1 REIS 6). Quando Jesus proclamou o novo reino de Deus na Terra, Ele convidou os seres humanos para ajudarem. Ele disse aos Seus discípulos: "Rogai, pois, ao Senhor da seara que mande trabalhadores para a sua seara" (MATEUS 9:38).

Assim como um pai faz com seus filhos, Deus nos acolhe como parceiros do Seu reino.

PDY

Deus usa servos humildes para realizar a Sua grande obra.

DEVOCIONAL do DIA 26 — *Espírito Santo*

Bem traduzido

**LEITURA:
Romanos 8:19-27**

...segundo a vontade de Deus é que [o Espírito] interceda pelos santos. v.27

Ao longo dos anos, tive a oportunidade de ensinar a Bíblia a muitas pessoas ao redor do mundo. Sei somente falar o inglês e frequentemente trabalho com intérpretes que conseguem entender as palavras de meu coração e traduzi-las para o idioma do povo. A comunicação eficiente depende diretamente da habilidade desses tradutores. Seja Inawaty, na Indonésia; Annie, na Malásia; ou João, no Brasil, os tradutores garantem que o significado das minhas palavras seja claramente expressado.

Esse trabalho de tradução se parece com uma faceta da obra do Espírito Santo na vida do povo de Deus. Em nossos momentos de oração, nem sempre sabemos como devemos orar (ROMANOS 8:26), e o versículo 27 nos encoraja dizendo: "E aquele que sonda os corações sabe qual é a mente do Espírito, porque segundo a vontade de Deus é que ele interceda pelos santos". Quando buscamos nosso Pai celestial em oração, o Espírito Santo vem em nosso auxílio, traduzindo nossas orações de acordo com os bons propósitos de Deus para a nossa vida.

Que provisão! Deus não apenas deseja que compartilhemos nossos corações com Ele, mas até nos fornece o maior dos intérpretes para nos ajudar enquanto oramos. Podemos estar certos de que as nossas orações serão sempre bem traduzidas.

WEC

---

*A participação do Espírito assegura que as minhas orações
se alinhem com os propósitos de Deus.*

DEVOCIONAL do DIA 27 — *Modo de comunicar*

A caneta silenciosa

O ex-presidente de um rico país tinha uma regra: qualquer carta escrita na hora da raiva tinha de permanecer sobre sua escrivaninha durante 24 horas antes de ser enviada. Se, após aquele período de "resfriamento", ele ainda tivesse os mesmos sentimentos, enviaria a carta. No fim de sua vida, as cartas não enviadas desse presidente enchiam uma grande gaveta da escrivaninha.

> **LEITURA:**
> **Tiago 3:1-12**
>
> **Ora, é em paz que se semeia o fruto da justiça, para os que promovem a paz.** v.18

Nestes tempos de comunicação imediata, 24 minutos de sábia contenção nos poupariam de constrangimento! Em sua epístola, Tiago abordou um tema universal da história humana ao escrever sobre os prejuízos causados por uma língua descontrolada. "A língua, porém, nenhum dos homens é capaz de domar...", escreveu ele. "...É mal incontido, carregado de veneno mortífero" (3:8).

Quando fofocamos ou falamos com raiva, encontramo-nos além dos limites da vontade de Deus. Nossas línguas, nossas canetas e até mesmo nossos teclados do computador devem se silenciar mais frequentemente. Devemos sentir gratidão em nosso coração pela restrição proporcionada por Deus. Com excessiva frequência, ao falarmos, lembramos a todos de nossa fragilidade como seres humanos.

Quando quisermos surpreender os outros com a diferença que Cristo faz, pode ser que não seja necessário fazer nada além de conter a nossa língua. Os outros com certeza perceberão quando honramos a Deus com o que dizemos — ou não dizemos. 🌱 RKK

O que guarda a boca e a língua guarda a sua alma das angústias.

PROVÉRBIOS 21:23

DEVOCIONAL do DIA 28 — *Amor*

A Regra de Ouro

O **conceito da** Regra de Ouro — tratar os outros como você gostaria de ser tratado — aparece em muitas religiões. Então, o que torna a versão de Jesus tão excepcional?

Sua singularidade está em uma única palavra: "pois", que indica a generosidade de nosso Pai celestial. Eis o que Jesus disse: "Ora, se vós, que sois maus, sabeis dar boas dádivas aos vossos filhos, quanto mais vosso Pai, que está nos céus, dará boas coisas aos que lhe pedirem? Tudo quanto, *pois*, quereis que os homens vos façam, assim fazei-o vós também a eles..." (MATEUS 7:11,12).

LEITURA:
Mateus 7:7-12

Tudo quanto, pois, quereis que os homens vos façam, assim fazei-o vós também a eles... v.12

Todos nós ficamos aquém daquilo que sabemos ser verdadeiro: Não amamos os outros da maneira como Deus nos ama. Jesus expressou essa admirável ética com perfeito amor ao viver e morrer por todos os nossos pecados.

Nós temos um Pai amoroso e doador, que deixou de lado Seu próprio interesse para revelar a plena medida do Seu amor por meio de Seu Filho Jesus. A generosidade de Deus é a dinâmica pela qual tratamos os outros como gostaríamos de ser tratados. Nós amamos e damos aos outros porque Ele nos amou primeiro (1 JOÃO 4:19).

Nosso Pai celestial nos pede para cumprirmos os Seus mandamentos, mas também nos dá Seu poder e amor para podermos fazê-lo. Só precisamos lhe pedir. 🌱

DHR

Nós guardamos a Regra de Ouro na memória; agora, vamos praticá-la.

E. MARKHAM

DEVOCIONAL do DIA 29   *Dons espirituais*

Função ocupacional

Quando a rádio britânica BBC pediu exemplos de títulos profissionais que soam importantes, obscuros e até bizarros, uma ouvinte enviou o dela: Técnica em Cerâmica Subaquática. Ela era lavadora de pratos em um restaurante. Às vezes, os nomes são usados para fazer um cargo soar mais importante.

Ao elencar alguns dos dons de Deus para a igreja, em Efésios 4:11, o apóstolo Paulo não pretendia que eles fossem compreendidos como títulos imponentes. Todas as partes do corpo são necessárias para o corpo funcionar adequadamente. Nenhuma parte é melhor do que a outra.

> **LEITURA:**
> **Efésios 4:11-16**
>
> ...para a edificação do corpo de Cristo, até que todos cheguemos à unidade da fé...vv.12,13

O que tinha importância primária era o propósito desses dons. Eles visavam o "...aperfeiçoamento dos santos para o desempenho do seu serviço, para a edificação do corpo de Cristo, até que todos cheguemos [...] à medida da estatura da plenitude de Cristo" (vv.12,13).

Pouco importa o nosso título. O que importa é fortalecermos a fé um dos outros. Quando medimos nossa eficácia pelo padrão que nos é dado pela Bíblia, não importará quando formos transferidos para outro papel ou deixarmos de ter um título específico. Por amor a Deus, nós servimos para edificar outros cristãos e deixamos Deus conceder Sua aprovação no céu como Ele achar adequado (MATEUS 25:21).

CPH

Os dons que Deus nos deu não são para nós, mas para os outros.

DEVOCIONAL *do* **DIA 30** — *Bíblia*

Alimento para o coração

Eu **amo** comida! Amo ver os alimentos apresentados de maneira bonita e amo provar o sabor deles. Se fosse por mim, eu comeria com mais frequência do que deveria — embora isso não fosse ajudar a minha cintura! Então, é bom minha mulher, Martie, me lembrar, amavelmente, de ingerir alimentos saudáveis na quantidade correta.

> **LEITURA:**
> **Jeremias 15:15-21**
>
> **Achadas as tuas palavras, logo as comi...** v.16

Ler o interessante pensamento de Jeremias — de que, ao encontrar as palavras de Deus (ainda que palavras de julgamento de Deus), ele as comeu (JEREMIAS 15:16) — me faz imaginar se eu ingeriria a Palavra de Deus com tanta avidez, devoção e frequência.

Claramente, Jeremias não comeu verdadeiramente a Palavra de Deus. Essa foi a sua maneira de dizer que ele a leu e a saboreou no mais íntimo de seu ser. E é exatamente para lá que a Palavra de Deus deve ir. A Palavra é alimento para o coração! Quando a ingerimos, o Espírito Santo proporciona o poder para nos ajudar a crescer e ficar mais semelhantes a Jesus. Sua Palavra transforma a maneira como pensamos acerca de Deus, dinheiro, inimigos, carreiras e família. Em outras palavras, ela realmente nos faz bem.

Então, "nutra-se" com a Palavra de Deus para o contentamento do seu coração! Sem dúvida, você se encontrará concordando com o profeta Jeremias quando ele disse: "...as tuas palavras me foram gozo e alegria para o coração..." (15:16).

JMS

Quanto mais você se banquetear com a Palavra de Deus,
mais saudável se tornará.

DEVOCIONAL do DIA 31 — *Morte de Cristo*

Vitória sobre a morte!

Uma antiga pintura que vi recentemente causou um impacto profundo em mim. Seu título, *Anastasis*, significa "ressurreição" e retrata o triunfo da vitória de Cristo sobre a morte de modo formidável. O Senhor Jesus, tendo saído recentemente da sepultura, está tirando Adão e Eva de seus caixões e levando-os para a vida eterna. O que é incrível sobre essa obra de arte é a maneira como exibe que a morte espiritual e física, o resultado da queda, foram revertidas dramaticamente pelo Cristo ressurreto.

> **LEITURA:**
> **João 5:24-30**
>
> ...porque vem a hora em que todos os que se acham nos túmulos ouvirão a sua voz e sairão. v.28

Antes de Sua morte na cruz, o Senhor Jesus predisse que num dia futuro Ele chamará os cristãos para uma nova existência glorificada: "...vem a hora em que todos os que se acham nos túmulos ouvirão a sua voz e sairão" (JOÃO 5:28).

Por causa da vitória de Cristo sobre a morte, a sepultura não é o fim. Nós sentiremos, naturalmente, tristeza e luto quando aqueles que amamos morrerem e formos separados deles nesta vida. Mas o cristão não entra em luto como alguém que não tem esperança (1 TESSALONICENSES 4:13).

O testemunho da ressurreição de Jesus é que todos os cristãos um dia serão retirados de suas sepulturas e vestidos com corpos ressurretos e glorificados (1 CORÍNTIOS 15:42-44). E "...assim, estaremos para sempre com o Senhor" (1 TESSALONICENSES 4:17). HDF

Porque Cristo está vivo, nós também viveremos.

DEVOCIONAL do DIA 32 — *Generosidade*

Tomates de graça

Ao guardar as compras no porta-malas do carro, olhei para o veículo ao lado. Pela janela de trás, pude ver cestas cheias de tomates vermelhos reluzentes — brilhantes, rechonchudos e com aparência melhor do que qualquer outro que havia visto no mercado. Segundos depois, quando a dona do carro apareceu, eu disse: "Que tomates bonitos!". Ela respondeu: "Este ano tive uma boa produção. Você quer alguns?". Surpresa por sua disposição em compartilhar, aceitei com alegria. Ela me deu muitos tomates de graça! E eles eram tão saborosos quanto aparentavam ser!

> **LEITURA:**
> **Êxodo 35:20-29**
>
> ...e veio todo homem [...] cujo espírito o impeliu e trouxe a oferta ao SENHOR para a obra da tenda da congregação v.21

Vemos um espírito de generosidade ainda maior nos israelitas quando fizeram suas doações para a construção do tabernáculo do Senhor. Quando foi pedido a eles que provisionassem materiais para o santuário, "...todo homem [...] cujo espírito o impeliu [...] trouxe a oferta ao SENHOR para a obra da tenda da congregação..." (ÊXODO 35:21). Os israelitas doaram avidamente suas joias de ouro, fios coloridos, linho fino, prata, bronze, pedras preciosas e temperos. Alguns também doaram o seu tempo e os seus talentos (vv.25,26).

Se seguirmos o exemplo dos israelitas e doarmos voluntariamente nossos recursos, agradaremos e honraremos a Deus com nossa atitude e nossas ofertas. O Senhor, que vê e conhece os nossos pensamentos e corações, ama aqueles que dão com alegria. Ele é o melhor exemplo de generosidade (JOÃO 3:16). *JBS*

A condição de nosso coração é mais importante do que a dimensão de nossa dádiva.

DEVOCIONAL do DIA 33 *Filhos de Deus*

O que há em um nome?

Meu amigo escreveu uma carta ao filho recém-nascido para que ele a lesse quando fosse mais velho: "Meu querido garoto, papai e mamãe desejam que você encontre a Luz e permaneça focado nela. O seu nome chinês é Xin Xuan. *Xin* significa fidelidade, contentamento e integridade; Xuan representa afeto e luz". Ele e sua esposa escolheram um nome que alicerçasse as suas esperanças para o bebê.

> LEITURA:
> **João 1:35-42**
>
> ...tu és Pedro, e sobre esta pedra edificarei a minha igreja...
> Mateus 16:18

Quando Jesus renomeou Simão como Pedro/Cefas (JOÃO 1:42), Ele não foi aleatório. Pedro significa "a rocha", e foi necessário tempo até Pedro viver de acordo com seu novo nome. O relato de sua vida demonstra que ele era um pescador de modos impulsivos — um tipo de homem tão inconsistente quanto areia movediça. Pedro discordou de Jesus (MATEUS 16:22,23), atingiu um homem com uma espada (JOÃO 18:10,11) e até mesmo negou que conhecia Jesus (JOÃO 18:15-27). Lemos em Atos que Deus trabalhou em Pedro e por meio dele para estabelecer Sua igreja. Pedro verdadeiramente se tornou uma rocha.

Se você, como Pedro, segue Jesus, tem também uma nova identidade. O livro de Atos 11:26 afirma: "...pela primeira vez, chamados cristãos." O nome "cristãos" significa "aqueles de Cristo." Você agora é um entre os que são de Cristo. Esse título o eleva e o chama a tornar-se o que você ainda não é. Deus é fiel e completará a Sua boa obra em você (FILIPENSES 1:6).

PFC

Honramos o nome de Deus quando o chamamos
de nosso Pai e vivemos como Seus filhos.

DEVOCIONAL do DIA 34 — Bíblia

Confira o óleo

Quando ajudei nossas filhas a aprenderem a dirigir, incluí uma pequena instrução sobre manutenção mecânica básica. Visitamos um posto de gasolina onde elas aprenderam a conferir o óleo todas as vezes que abastecem o carro. Hoje, anos depois, elas frequentemente me lembram de meu lema de seis palavras: "Óleo é barato, motores são caros". Acrescentar menos de um litro de óleo não é nada comparado a substituir um motor.

> **LEITURA:**
> **Salmo 5**
>
> De manhã, Senhor, ouves a minha voz; de manhã te apresento a minha oração e fico esperando. v.3

A manutenção também é importante em nossa vida espiritual. Separar um tempo todos os dias para ler a Bíblia, orar e ouvir a Deus é um elemento-chave para evitar um colapso. No Salmo 5, Davi escreveu: "De manhã, Senhor, ouves a minha voz; de manhã te apresento a minha oração e fico esperando" (v.3). Nos versículos seguintes, ele derramou seu coração em louvor, ação de graças e pedidos a Deus.

Muitas pessoas acreditam ser essencial começar todos os dias com o Senhor. Antes de checar e-mails, inteirar-se das notícias ou tomar o café da manhã, elas buscam alguns momentos de quietude para ler uma porção da Palavra de Deus, louvá-lo por Sua grandiosidade, agradecê-lo por Seu amor e buscar o Seu direcionamento. Outros investem tempo lendo e orando em diferentes momentos do dia.

Não é mágica — é manutenção, pois pedimos diariamente ao Senhor que encha o nosso coração com Sua presença na estrada da vida.

DCM

As raízes da estabilidade resultam de estarmos firmados na Palavra de Deus e na oração.

DEVOCIONAL do DIA 35 *Graça de Deus*

Sem contar

A peça *Amadeus* nos conta de um compositor do século 18 que buscava entender a mente de Deus. O religioso Antonio Salieri tinha o fervoroso desejo, mas não a aptidão, de criar música que fosse imortal. O fato de que Deus havia desperdiçado o maior talento musical conhecido no malicioso Wolfgang Amadeus Mozart o deixava enfurecido.

> LEITURA:
> **Mateus 20:1-16**
>
> **...os últimos serão primeiros, e os primeiros serão últimos...** v.16

A peça coloca a mesma questão do livro de Jó, apenas invertida. O autor do livro de Jó se pergunta por que Deus puniria o homem mais justo na face da Terra; o autor de Amadeus pondera sobre o porquê Deus recompensaria alguém tão indigno.

A parábola de Jesus sobre os trabalhadores e seus salários injustos estabelece imediata comparação com este escândalo. Algumas pessoas que simplesmente cruzam os braços ociosamente são contratadas pelo senhor da terra "...por volta da hora undécima..." (MATEUS 20:6,7). Os outros trabalhadores, que haviam servido o senhor por todo o dia, ficam chocados quando todos recebem salários idênticos. Que empregador em sã consciência pagaria a mesma quantia para uma hora de trabalho e para 12 horas!?

A história de Jesus não faz sentido do ponto de vista econômico, e era esse o Seu intento. Ele estava nos apresentando uma parábola sobre a graça, que não pode ser calculada como se calcula o salário pelos dias de trabalho. Deus concede dons, não salários.

PDY

No contexto da graça, a palavra "merecer" não se aplica.

DEVOCIONAL do DIA 36 *Vontade de Deus*

Escolha a vida

Qual é a vontade de Deus para minha vida? Essa pergunta me assombrou enquanto eu crescia. E se eu não conseguisse descobri-la? E se não a reconhecesse? A vontade de Deus parecia uma agulha num palheiro. Escondida. Confundida entre as demais escolhas. Vencidas pelas escolhas falsas.

Mas minha visão da vontade de Deus estava errada porque minha visão de Deus também era incorreta. Deus não tem prazer em nos ver perdidos, perambulando, procurando. Ele quer que conheçamos a Sua vontade. Ele a expõe de modo claro e simples; não há sequer a opção de múltipla escolha. Ele a apresenta em duas escolhas: "vida e bem" ou "morte e mal" (DEUTERONÔMIO 30:15). Caso a melhor escolha não seja óbvia, Ele ainda nos diz qual escolher: "...escolhe, pois, a vida..." (v.19). Escolher a vida é escolher o próprio Deus e obedecer à Sua Palavra.

> **LEITURA:**
> **Dt 30:11-20**
>
> ...escolhe, pois, a vida, para que vivas, tu e a tua descendência, amando o SENHOR, teu Deus... vv.19,20

Quando Moisés dirigiu-se aos israelitas pela última vez, pediu-lhes que fizessem a escolha certa ao guardar "...as palavras que, hoje, testifico [Deus] entre vós [...]. Porque [...] é a vossa vida..." (32:46,47). A vontade de Deus para nós é vida. Sua Palavra é vida. E Jesus é a Palavra. Deus não nos dá a receita para cada decisão, mas um exemplo perfeito para seguirmos — Jesus. A escolha certa pode não ser fácil, mas, quando a Palavra for o nosso guia e a adoração o nosso objetivo, Deus nos concederá a sabedoria para fazermos escolhas seguras para a vida. ❦

JAL

A prova da orientação de Deus pode ser vista mais claramente ao olharmos para trás e não à frente.

DEVOCIONAL do DIA 37 — *Confrontação*

Bagunça de morango

Meu marido e eu havíamos nos mudado há pouco tempo quando um homem deixou uma grande caixa de morangos na nossa calçada. Ele deixou um bilhete dizendo que gostaria que compartilhássemos com nossos vizinhos. Suas intenções eram boas, mas algumas crianças descobriram as frutas antes dos adultos e fizeram uma guerra de morangos em frente à nossa casa branca. Quando voltamos à casa, vimos crianças que conhecíamos assistindo-nos detrás da cerca. Elas haviam "retornado à cena do crime" para ver como reagiríamos à bagunça. Poderíamos simplesmente ter limpado, mas para restaurar nosso relacionamento, sentimos que era importante conversar com as crianças e solicitar sua ajuda para limpar a casa manchada de morangos.

> **LEITURA:**
> **Filipenses 4:1-5**
>
> ...pensem concordemente, no Senhor. v.2

A vida pode ficar confusa com os conflitos de relacionamento. Esse foi o caso na igreja dos filipenses. Duas servas fiéis, Evódia e Síntique, discordaram severamente. O apóstolo Paulo escreveu à igreja para encorajá-las a resolver seus problemas (FILIPENSES 4:2). Ele também quis que outra pessoa estivesse ao lado de ambas com um espírito de bondade. Ele escreveu: "A ti, fiel companheiro de jugo, também peço que as auxilies, pois juntas se esforçaram comigo no evangelho..." (v.3).

Ao perceber que todos nós causamos confusões nesta vida, podemos confiar que o Senhor nos ajudará a lidar com os outros de forma gentil.

AMC

O verdadeiro amor confronta e restaura.

DEVOCIONAL do DIA 38 — *Semelhança de Cristo*

Indo além de nós mesmos

Tenho um daqueles amigos que parece ser melhor do que eu praticamente em tudo. Ele é mais inteligente, pensa mais analiticamente e sabe onde encontrar os melhores livros para ler. É o melhor desportista que conheço. Investir meu tempo com ele me desafia a tornar-me uma pessoa melhor, mais atenta. Seu padrão de excelência me estimula a lutar por algo mais elevado.

Isso demonstra um princípio espiritual: é importante que invistamos tempo na Palavra de Deus para nos conectarmos à pessoa de Cristo. Ler sobre o impacto do amor incondicional de Jesus por nós me compele a amar sem exigências. A Sua misericórdia e a Sua livre distribuição da graça àquele que menos merece deixa-me envergonhado de minha tendência a reter o perdão e buscar vingança.

> **LEITURA:**
> **2 Coríntios 3:7-18**
>
> E todos nós [...] contemplando, como por espelho, a glória do Senhor, somos transformados..., v.18

Percebo que estou me tornando uma pessoa mais grata quando noto que, apesar de minha ruína vergonhosa, o Senhor revestiu-me da beleza de Sua perfeita justiça. Seus incríveis caminhos e sabedoria incomparáveis me motivam e me transformam. É difícil me contentar com minha vida como ela é quando, em Sua presença, sou atraído à ideia de tornar-me mais como Ele.

O apóstolo Paulo nos chama à alegria de contemplarmos Cristo. Ao fazê-lo, somos "...transformados, de glória em glória, na sua própria imagem..." (2 CORÍNTIOS 3:18). Peçamos a Deus que nos ajude a chegarmos em Sua presença.

JMS

Fique perto de Deus e você nunca mais será o mesmo.

DEVOCIONAL do DIA 39   *Esperança*

Novos começos

Novos começos são possíveis. Pergunte a um jovem que passou a fazer parte de uma gangue ainda no Ensino Fundamental. Ele fugiu quando tinha apenas 12 anos e por três anos esteve perdido nas drogas, participando da gangue. Embora tenha deixado a gangue e retornado à sua casa, foi difícil para ele, pois já tinha sido expulso da escola por vender drogas. Entretanto, quando matriculou-se em uma nova escola para cursar o Ensino Médio, uma professora o inspirou e encorajou a escrever sobre as suas experiências em vez de repeti-las. Ele se comprometeu com esse desafio e agora está experimentando um novo começo.

> **LEITURA:**
> **Isaías 43:14-21**
>
> **Eis que faço coisa nova, que está saindo à luz; porventura, não o percebeis?...** v.19

Deus, por meio do profeta Isaías, também encorajou exilados judeus a pensarem num novo começo. Deus disse: "Não vos lembreis das coisas passadas, nem considereis as antigas" (ISAÍAS 43:18). Ele lhes disse para deixarem de viver lembrando-se da punição que sofreram e até mesmo da demonstração do poder divino quando houve o primeiro êxodo do Egito. Ele queria que a atenção do povo estivesse focada em Deus, que lhes daria um novo começo, levando-os da Babilônia para casa, em um novo êxodo (v.19).

Com Deus, os novos começos são possíveis em nossos corações. Ele pode nos ajudar a abrir mão do passado e começarmos a nos apegar nele. Um relacionamento com o Senhor proporciona nova esperança aos que confiam nele. *MLW*

Deus dá novos começos quando nos aproximamos ainda mais dele.

DEVOCIONAL do DIA 40 — *Semelhança de Cristo*

Aprendendo a amar

Quando **Hans** Egede foi à Groenlândia como missionário em 1721, ele não conhecia a língua *inuíte*. Seu temperamento era frequentemente arrogante, e ele lutava para ser gentil com as pessoas.

Em 1733, uma epidemia de varíola varreu a Groenlândia, liquidando quase dois terços do povo *inuíte* — além da esposa de Egede. Esse sofrimento compartilhado dissolveu a dura conduta de Egede, e ele passou a trabalhar incansavelmente para cuidar do povo física e espiritualmente. Pelo fato de sua vida agora representar melhor as histórias que ele contava ao povo sobre o amor de Deus, os *inuítes* puderam finalmente começar a compreender o desejo de Deus de amá-los também. Mesmo no sofrimento, seus corações voltaram-se para Deus.

> **LEITURA:**
> **1 Coríntios 13:4-13**
> **O amor é paciente, é benigno...** v.4

Talvez você seja como os *inuítes* dessa história e seja incapaz de ver Deus nas pessoas ao seu redor. Ou talvez você seja como Hans Egede, que lutou para expressar o amor de um modo que ensinasse às pessoas algo sobre Deus. Sabendo que somos pessoas fracas e necessitadas, Deus nos mostrou como é o amor. Ele enviou Seu Filho, Jesus Cristo, para morrer por nossos pecados (JOÃO 3:16). Tudo porque Deus nos ama tanto!

Jesus é o exemplo perfeito do amor que é descrito no livro de 1 Coríntios 13. Ao olharmos para Ele, descobrimos que somos amados e assim aprendemos como amar.

RKK

Que eu nunca seja a barreira que venha a impedir outros de verem o Senhor.

DEVOCIONAL do DIA 41 *Serviço*

Ainda trabalhando

Vivian e Donaldo têm cerca de 95 anos e estão casados há mais de 70 anos. Recentemente, Vivian sofreu um revés ao fraturar o quadril. Isso foi ainda mais difícil porque, há vários anos, Donaldo e Vivian têm se entristecido por perceberem que já não têm forças suficientes para se manterem ativos na obra de sua igreja.

Mas eles ainda se dedicam bastante à obra do Senhor atuando como intercessores. Embora nem sempre possam estar fisicamente presentes e visíveis nas atividades de sua igreja, eles são fiéis em servir a Deus "nos bastidores".

> **LEITURA:**
> **Mateus 25:14-21**
>
> **...Muito bem, servo bom e fiel...** v.23

A parábola dos talentos, no livro de Mateus 25, nos lembra de que precisamos usar com sabedoria os "talentos" que Deus nos deu. Todos nós temos diferentes níveis de habilidades e capacidades dadas por Ele — não devemos enterrar, sem uso, o que o Senhor nos deu.

Deus não nos usará somente em nossos anos de vitalidade, mas também em nossa idade avançada. O casal continua a servir orando. E, como eles, nós honramos ao nosso Salvador usando as nossas habilidades — "...cada um segundo a sua própria capacidade..." (v.15) para servir àquele que é digno. ◆

JDB

Deus pode usá-lo em qualquer idade
— se você se dispuser.

DEVOCIONAL do DIA 42 *Soberania de Deus*

Quem está no centro?

Recentemente, tive o que para mim foi um "momento Copérnico": Não estou no centro do Universo. O mundo não gira em torno de mim. Ele não se move no meu ritmo, nos meus termos, nem de acordo com as minhas preferências.

Embora possamos desejar que fosse diferente, a vida não se resume a nós. Tudo gira em torno do Senhor. No Salmo 33, lemos que toda a natureza gira em torno dele e do Seu controle (vv.6-9). Ele determinou os limites do mar e estabeleceu os oceanos em vastos reservatórios. Tudo na natureza opera em concordância com as leis que Ele determinou.

> **LEITURA:**
> **Salmo 33:6-19**
>
> O conselho do SENHOR dura para sempre; os desígnios do seu coração, por todas as gerações. v.11

As nações também giram em torno do Senhor (vv.10-12). Nenhum plano ou esquema pode se levantar contra o de Deus. No fim, é o plano do Senhor que se manterá para sempre. Suas intenções nunca podem ser abaladas.

Finalmente, a vida de todos os seres gira em torno do Senhor (vv.13-19). Deus vê toda a raça humana. Ele fez os nossos corações e compreende tudo o que fazemos. Ele tem o poder de intervir em nossa vida e nos livrar de situações que saem do nosso controle.

Nossa vida é criada para ser centrada em Deus, não em nós mesmos. Como podemos ser gratos por servirmos a um Deus poderoso assim, que tem todos os aspectos de nossa vida sob o Seu controle? ❧

PFC

Quando morremos para o egocentrismo,
vivemos para o Deus acima de nós.

DEVOCIONAL do **DIA 43**   *Poder de Deus*

A partir do caos

Tudo o que observo me faz acreditar que isso é verdade: a ordem não é natural. Quando penso em meu escritório, fico assombrada com a rapidez com que ele se transforma num caos e com o tempo necessário para eu restaurar a ordem. Ordem exige intervenção; ela não ocorre naturalmente.

Eu não deveria ficar surpresa. O papel de Deus em gerar ordem a partir do caos é um tema bíblico notório. Ele fez isso ao criar a nação de Israel (ÊXODO 7-14). Quando Deus disse que era tempo de tirar o povo hebreu do Egito, Faraó contestou. A economia da nação dependia dos operários hebreus; por isso, Faraó não queria perdê-los. Para fazer o Faraó mudar de ideia, Deus enviou dez pragas. Os magos de Faraó foram capazes de reproduzir as duas primeiras pragas. Mas não foram capazes de revertê-las — nenhuma delas. Eles eram capazes de causar o caos, mas não de restaurar a ordem. Somente Deus é capaz de fazer isso.

> **LEITURA:**
> **Êxodo 8:1-15**
>
> Não difamem a ninguém [sejam] cordatos, dando provas de toda cortesia, para com todos os homens.
> Tito 3:2

Com esforço, nós podemos levar ordem aos lugares onde vivemos, mas nenhum de nós consegue criar ordem a partir do caos emocional e espiritual de nossa vida. Somente Deus é capaz de fazer isso. Ele restaura a ordem às situações caóticas quando vivemos como Ele planejou — não difamando, sendo pacíficos e gentis e demonstrando humildade com todos (TITO 3:2).

JAL

Quando colocamos nossos problemas nas mãos de Deus,
Ele coloca Sua paz em nosso coração.

DEVOCIONAL do DIA 44 — Provações

Nunca decepcione

Quando eu era criança, um de meus passatempos favoritos era brincar na gangorra do parque vizinho. Uma criança se sentava em cada extremidade da tábua e ambas se movimentavam para cima e para baixo. Às vezes, a criança que estava embaixo permanecia parada deixando seu coleguinha no ar gritando para descer. Mas o truque mais cruel de todos era sair da gangorra correndo quando seu amigo ainda estivesse lá em cima — ele cairia no chão com um impacto doloroso.

Algumas vezes podemos sentir que Jesus faz isso conosco. Confiamos que Ele estará conosco nos altos e baixos da vida. No entanto, quando a vida passa por uma reviravolta e nos deixa com galos e contusões, pode parecer que Ele se afastou deixando nossa vida desmoronar dolorosamente.

LEITURA: Lamentações 3:13-26

As misericórdias do SENHOR [...] não têm fim; renovam-se cada manhã... vv.22,23

Mas o livro de Lamentações 3 nos lembra de que "As misericórdias do SENHOR são a causa de não sermos consumidos, porque as suas misericórdias não têm fim" (v.22) e de que Deus é fiel até o fim mesmo quando tudo parece estar desmoronando. Isso significa que, em meio à nossa dor, mesmo que tenhamos sido abandonados, não estamos sozinhos. E ainda que não sintamos Sua presença, Ele está ali como nosso companheiro confiável que nunca se afastará ou nos decepcionará!

JMS

Quando todos falham, Jesus é o nosso amigo mais confiável.

DEVOCIONAL do DIA 45 — Idolatria

Amor deslocado

Martin Lindstrom, autor e palestrante, é da opinião de que os telefones celulares se tornaram semelhantes a um melhor amigo para muitos usuários. O experimento de Lindstrom usando ressonância magnética o ajudou a descobrir o porquê. Quando os indivíduos viam ou ouviam seu telefone tocar, seus cérebros excitavam neurônios da área associada a sentimentos de amor e compaixão. Lindstrom disse: "É como se eles estivessem na presença de uma namorada, de um namorado ou de um membro da família."

> **LEITURA:**
> **Salmo 115**
>
> Prata e ouro são os ídolos deles, obra das mãos de homens. v.4

Muitas coisas competem por nossa afeição, tempo e atenção, e parecemos sempre necessitar avaliar onde estamos focando nossas vidas. Josué disse ao povo de Israel que eles deviam afeição e adoração somente a Deus (JOSUÉ 24:14).

Isto era significativo porque contrastava com a reverência a ídolos adorados pelas nações à sua volta. Esses ídolos eram apenas obra de mãos humanas, feitos de metal (SALMO 115:4). Eles eram totalmente impotentes em comparação com o Senhor. Portanto, o povo de Deus foi exortado a encontrar sua segurança no Senhor e não em outros deuses (JUÍZES 10:13-16). Jesus reiterou isso em Sua discussão sobre os mandamentos: "...Amarás o Senhor, teu Deus, de todo o teu coração, de toda a tua alma e de todo o teu entendimento" (MATEUS 22:37).

Somente o Senhor é nosso amparo e escudo (SALMO 115:9). Que possamos reservar a nossa adoração a Ele.

MLW

Deus é o mais digno das nossas afeições.

DEVOCIONAL do DIA 46 — Oração

"Se quiseres"

Marisa queria a ajuda de seu pai, mas estava com medo de pedir. Ela sabia que, quando ele estava trabalhando em seu computador, não gostava de ser interrompido. Ele pode ficar chateado comigo, ela pensou, então não pediu sua ajuda.

Não precisamos ter tais medos quando vamos a Jesus. No evangelho de Mateus 8:1-4, lemos sobre um leproso que não hesitou em interromper Jesus com suas necessidades. Sua doença o desesperava — ele havia sido banido da sociedade e passava por sofrimento emocional. Jesus estava ocupado com "grandes multidões", mas o leproso caminhou pela multidão para falar com Jesus.

> **LEITURA:**
> **Mateus 8:1-4**
>
> ...Senhor, se quiseres, podes purificar-me. v.2

O evangelho de Mateus diz que o leproso veio e "...adorou-o..." (v.2). Ele abordou Jesus em adoração, com confiança em Seu poder e com humildade, reconhecendo que a escolha de ajudar pertencia a Jesus. Ele disse: "...Senhor, se quiseres, podes purificar-me" (v.2). Cheio de compaixão, Jesus o tocou (a lepra havia tornado o homem "intocável" pelos padrões da lei judaica), e ele foi purificado imediatamente.

Como o leproso, não precisamos hesitar em abordar Jesus quando desejamos Sua ajuda. Ao nos aproximarmos dele em atitude de humildade e adoração, podemos confiar que Ele fará as melhores escolhas para nós.

AMC

Acheguemo-nos, portanto, confiadamente, junto ao trono da graça, a fim de recebermos misericórdia... —HEBREUS 4:16

DEVOCIONAL *do* **DIA 47**   *Gratidão*

Ele mudou minha vida

A**pós a** morte em 2011 do pioneiro em computação, Steve Jobs, mais de um milhão de pessoas de todo o mundo postou tributos on-line a ele. O tema comum era como Jobs havia mudado suas vidas. Eles diziam que viviam de modo diferente devido às suas inovações criativas e queriam expressar sua admiração e tristeza. A tela de um *tablet* tinha a seguinte mensagem em letras grandes: iTriste.

> **LEITURA:**
> **Salmo 107:1-16**
>
> **Digam-no os remidos do Senhor, os que ele resgatou da mão do inimigo.** v.2

A gratidão alimenta o nosso sentimento, que é exatamente o que o Salmo 107 descreve: "Digam-no os remidos do Senhor, os que ele resgatou da mão do inimigo" (v.2). O tema desse Salmo são pessoas em grandes lutas que foram libertas pelo Senhor.

Algumas não tinham teto e passavam necessidades (vv.4,5); algumas haviam se rebelado contra a Palavra de Deus (vv.10,11); outras estavam exaustas de tanto tentar e não conseguir resultados quando clamaram a Deus (vv.26,27). Todas foram resgatadas pelo Senhor. "Rendam graças ao Senhor por sua bondade e por suas maravilhas para com os filhos dos homens!" (vv.8,15,21,31).

Quando consideramos a grandiosidade do amor de Deus, Sua misericórdia em enviar Jesus Cristo para morrer por nós e ressuscitar e que Ele nos libertou, não podemos deixar de louvá-lo e desejar falar a outros sobre como Ele transformou a nossa vida! ✦

DCM

---

*Nossa gratidão a Deus pela salvação nos incentiva
em nosso testemunho a outros.*

DEVOCIONAL do DIA 48

Pecado

Saída

Recentemente, ao visitar uma grande cidade, decidi pegar o metrô até o lugar onde queria chegar. Paguei então a tarifa e desci às profundezas até chegar à plataforma de embarque do trem. Mas sair da estação pode ser uma experiência assustadora para quem não está familiarizado com o sistema. Se você não encontrar a saída, pode facilmente ficar perdido nos túneis.

LEITURA:
1 Coríntios 10:1-13

Não vos sobreveio tentação que não fosse humana; mas Deus é fiel e não permitirá que sejais tentados além das vossas forças... v.13

Estar sozinho em um metrô com poucas pessoas é um sentimento inquietante, então acredite em mim: você não vai gostar de se perder. É desnecessário afirmar que fiquei contente quando encontrei a placa que dizia, "Saída" e segui o caminho até encontrar segurança.

Paulo nos lembra de que, quando estamos vulneráveis a cair no pecado, o Senhor afirma: "...Deus é fiel e não permitirá que sejais tentados além das vossas forças; pelo contrário, juntamente com a tentação, vos proverá livramento..." (1 CORÍNTIOS 10:13). É fácil presumir que Deus não está conosco quando somos tentados a pecar. Mas esse versículo nos garante que Ele está presente e não simplesmente parado à toa. Pelo contrário, Ele está provendo de modo ativo uma saída para que possamos suportar.

Então, na próxima vez em que você se sentir tentado, lembre-se de que você não está desamparado. Há uma "saída" providenciada divinamente! Procure a placa e siga-a até encontrar segurança.

JMS

Deus está trabalhando ativamente para manter você longe do perigo de perder-se no pecado.

DEVOCIONAL *do* **DIA 49** *Proclamando o evangelho*

Falando sobre Jesus

O antigo jogador da liga de beisebol, Tony Graffanino, relata um contínuo esforço de um ministério em um país europeu. Todos os anos sua organização oferece um acampamento de beisebol com uma semana de duração. Durante essa semana, também é oferecido um estudo bíblico diário. Nos últimos anos, o líder tentou encontrar caminhos racionais de convencer os acampantes de que Deus existe para que eles passassem a ter fé nele. Após cerca de 13 anos, haviam visto apenas três pessoas decididas a seguir Jesus.

Eles então mudaram sua abordagem, Graffanino diz. Em vez de "tentar apresentar fatos, ou ganhar uma discussão", eles simplesmente falavam sobre "a maravilhosa vida e os ensinos de Jesus." Como resultado, mais acampantes passaram a ouvir e mais deles escolheram seguir Jesus.

> **LEITURA:**
> **2 Coríntios 4:1-6**
>
> Porque decidi nada saber entre vós, senão a Jesus Cristo e este crucificado.
> 1 Coríntios 2:2

O apóstolo Paulo disse que, quando falamos a outros sobre o evangelho de Jesus Cristo, deveríamos lutar "...pela manifestação da verdade [...]. Porque não nos pregamos a nós mesmos..." ele disse, "...mas a Cristo Jesus como Senhor..." (2 CORÍNTIOS 4:2,5). Esse era o padrão de Paulo para o evangelismo: "Porque decidi nada saber entre vós, senão a Jesus Cristo e este crucificado" (1 CORÍNTIOS 2:2).

Deveríamos ser instruídos na Bíblia e nas razões de nossa crença e algumas vezes precisamos explicar o porquê. Mas a história mais instigante e efetiva que podemos contar é aquela que coloca Cristo no centro.

JDB

O Cristo ressurreto é a razão de nossos testemunhos.

DEVOCIONAL do DIA 50 — Bíblia

Palavras a serem seguidas

Durante muitos anos mantive uma pasta com o nome "Para discursar". Ficou cheia de artigos, citações e ilustrações que podem ser úteis. Recentemente, olhei tudo o que estava lá para descartar aquilo que estivesse muito ultrapassado. Achei difícil jogar fora muito do que havia ali, não porque não houvesse usado em discursos, mas porque não os coloquei em prática. Fechei a pasta pensando: "Estas não são palavras sobre as quais falar, são palavras que devem ser seguidas durante a vida."

> LEITURA:
> Deuteronômio 4:1-9
>
> Eis que vos tenho ensinado estatutos e juízos [...] para que assim façais... v.5

Após 40 anos no deserto, Moisés dirigiu-se ao povo, impedido de entrar na Terra Prometida: "Agora, pois, ó Israel, ouve os estatutos e os juízos que eu vos ensino, para os cumprirdes, para que vivais, e entreis, e possuais a terra que o Senhor, Deus de vossos pais, vos dá" (DEUTERONÔMIO 4:1). A ênfase repetida de Moisés (vv.1,2,5,6,9) é que os mandamentos de Deus devem ser guardados. Ele disse, e disse muito bem dito: "Eis que vos tenho ensinado estatutos e juízos [...] para que assim façais" (v.5).

É tão fácil falar sobre fazer algo mais do que nós realmente fazemos e falar sobre verdades que não seguimos em nosso viver. Podemos nos tornar mestres no uso das palavras, no entanto, não as colocar em prática, esquecendo-nos de que todos os mandamentos de Deus fluem de Seu coração de amor por nós. Queremos servi-lo e levar outros à Sua presença. 🌿

DCM

A força de nossas ações deveria corresponder à força de nossas palavras.

DEVOCIONAL do DIA 51 — *Hipocrisia*

Boa aparência

"**Seus cabelos** são muito saudáveis", disse meu cabeleireiro ao cortá-los. "Espero que seja porque você usa nossos produtos." "Não. Sinto muito", respondi. "Simplesmente uso qualquer produto barato e com perfume agradável." Mas acrescentei: "Eu também tento me alimentar bem. Acho que isso faz uma grande diferença".

> **LEITURA:**
> **Mateus 23:23-31**
>
> ...limpa primeiro o interior... v.26

Quando penso nas coisas que fazemos para termos boa aparência, lembro-me de algumas das coisas que fazemos para termos boa aparência espiritual. Jesus tratou desta questão com os líderes religiosos e Jerusalém (MATEUS 23). Eles seguiam um conjunto de regras religiosas bem elaboradas que iam muito além daquelas que Deus lhes havia dado.

Eles trabalhavam muito para ter boa aparência entre seus semelhantes, para provar que eram melhores do que os outros. Mas seu trabalho árduo não impressionava a Deus. Jesus lhes disse: "...porque limpais o exterior do copo e do prato, mas estes, por dentro, estão cheios de rapina e intemperança!" (v.25). O que os fariseus faziam para ter boa aparência aos olhos dos outros, na verdade, revelava que eles não eram nada bons.

Cada cultura valoriza tradições e comportamentos religiosos diferentes, mas os valores divinos transcendem culturas. E o que Deus valoriza não é medido pelo que os outros veem. Ele valoriza um coração limpo e motivações puras. A saúde espiritual se expressa de dentro para fora. ❂

JAL

Podemos ter boa aparência, mas as aparências enganam.

DEVOCIONAL do DIA 52 — *Provações*

Processo de cura

Apenas **quatro** semanas após nosso filho Marcos passar a fazer parte do Exército dos Estados Unidos, ele feriu seu joelho seriamente num treinamento. Como consequência, foi liberado do exército. Então, aos 19 anos, Marcos precisou de uma bengala por um tempo para se locomover; e devido à severidade do ferimento, passou por dois anos de recuperação, repouso e reabilitação. Finalmente, Marcos pôde abandonar as ataduras e pinos que havia usado no joelho desde o acidente. Apesar de ele ainda sentir dor, o tratamento longo e lento lhe devolveu a agilidade de sua perna.

> **LEITURA: Apocalipse 21:1-8**
>
> E lhes enxugará dos olhos toda lágrima [...] não haverá [...] dor, porque as primeiras coisas passaram. v.4

A cura física é frequentemente muito mais lenta do que esperamos. O mesmo é verdade para a cura espiritual. As consequências de escolhas insensatas ou as ações de pessoas perniciosas podem criar fardos ou feridas que duram uma vida toda. Mas há esperança para o filho de Deus. Ainda que a restauração completa não venha a ocorrer nesta vida, a promessa de cura é certa. O apóstolo João escreveu: "E lhes enxugará dos olhos toda lágrima, e a morte já não existirá, já não haverá luto, nem pranto, nem dor, porque as primeiras coisas passaram" (APOCALIPSE 21:4).

Em nossos tempos de dor, é reconfortante saber que em algum ponto, em Sua maravilhosa presença, seremos plenos para sempre.

WEC

Quando estamos quebrantados na presença de Cristo,
Ele nos faz completos.

DEVOCIONAL do DIA 53 *Cristo, Mediador*

Emergindo

Os seres humanos confundem realidades visíveis e invisíveis, naturais e sobrenaturais. Pensei nisso ao observar as baleias. Elas descansam na superfície por um tempo e aproveitam para respirar fundo. Assim criam jatos espetaculares antes de imergirem novamente para alimentar-se.

Mesmo vivendo entre plantas e criaturas marinhas, a baleia deve emergir em busca de oxigênio. Caso contrário, morre, pois precisa de contato vital com o ar para sobreviver.

Algumas vezes me sinto emergindo em busca de ar espiritual em intervalos frequentes para permanecer vivo. Não há uma divisão nítida entre o natural e o sobrenatural. As coisas não são de um jeito ou de outro exclusivamente. O que faço como cristão — orar, adorar, demonstrar o amor de Deus aos doentes, carentes e aprisionados — é sobrenatural e natural.

> **LEITURA:**
> **Colossenses 1:15-23**
>
> ...pois, nele, foram criadas todas as coisas, nos céus e sobre a terra, as visíveis e as invisíveis... v.16

O mesmo Deus que criou o mundo visível aos nossos olhos o sustém diligentemente e proveu um caminho para nos aproximarmos dele; o invisível. Paulo escreveu: "...outrora, éreis estranhos e inimigos no entendimento pelas vossas obras malignas, agora, porém, vos reconciliou no corpo da sua carne, mediante a sua morte..." (COLOSSENSES 1:21,22).

As nossas ações acontecem no mundo visível, e podemos tocar, sentir aromas e ver. No entanto, o Criador e Sustentador de todas as coisas proveu uma maneira de respirarmos o necessário e almejado ar espiritual. 🌿

PDY

O trono de Deus é sempre acessível aos Seus filhos.

DEVOCIONAL do DIA 54 — *Conforto*

Um chamado ao consolo

Em seu livro *Dear Mrs. Kennedy* (Querida Senhora Kennedy, tradução livre), Jay Mulvaney e Paul De Angelis registram que, durante as semanas seguintes ao assassinato de John Kennedy, presidente dos EUA, a viúva Jacqueline recebeu milhares de cartas de todas as partes do mundo. Algumas de chefes de estado, celebridades ou amigos próximos. Outras de pessoas comuns que endereçavam as cartas a "Madame Kennedy, Washington" e "Senhora Presidente, América." Todos escreveram para expressar luto e condolências pela grande perda de Jacqueline.

> **LEITURA:**
> **2 Coríntios 1:3-11**
>
> **Bendito seja o Deus e Pai de nosso Senhor Jesus Cristo, o Pai de misericórdias e Deus de toda consolação!** v.3

Quando ajudamos os que sofrem, é bom lembrar a imagem que Paulo nos dá sobre "...Deus e Pai de nosso Senhor Jesus Cristo..." como "...o Pai de misericórdias e Deus de toda consolação!" (2 CORÍNTIOS 1:3). Nosso Pai celestial é a fonte máxima de toda terna misericórdia, palavra gentil e ato de bondade que traz o encorajamento e a cura. O estudioso da Bíblia, W. E. Vine, diz que *paraklesis* — a palavra grega traduzida como "consolo", significa "um chamado para estar ao lado de alguém". As palavras conforto e consolação que aparecem na leitura bíblica de hoje nos lembram que o Senhor nos mantém próximos e nos convida a apegarmo-nos a Ele.

Porque o Senhor nos envolve em Seus amorosos braços, somos capazes de alcançar outros "...com a consolação com que nós mesmos somos contemplados por Deus" (2 CORÍNTIOS 1:4).

DCM

Deus nos consola para que possamos consolar outros.

DEVOCIONAL do DIA 55 — *Confiança*

Abençoado esquecimento

Meu **escritório** fica no andar de baixo de minha casa, mas eu frequentemente vou a vários cômodos do andar de cima para fazer uma coisa ou outra. Infelizmente, quando chego ao andar de cima geralmente esqueço o que estava planejando quando decidi ir lá. O pesquisador Gabriel Radvansky elaborou uma explicação para esse fenômeno. Ele propõe que uma porta serve como uma "delimitação de evento".

Após conduzir três experimentos diferentes, ele teorizou que uma porta, ou um vão de entrada, sinaliza para o cérebro que a informação guardada na memória pode ser desprezada — mas é frustrante quando estou lá tentando lembrar porque fui até o andar de cima. No entanto, o esquecimento pode ser uma bênção. Quando fecho a porta de meu quarto à noite e vou dormir, é uma bênção esquecer as preocupações do dia.

> **LEITURA:**
> **João 10:1-10**
>
> Eu sou a porta. Se alguém entrar por mim, será salvo... v.9

Quando penso no fato de que Jesus se chamou de "a porta" (JOÃO 10:7,9), percebo um novo significado para esta metáfora. Quando as ovelhas entram no aprisco, refugiam-se em um local protegido de ladrões e predadores. No caso dos cristãos, o Grande Pastor é a porta entre nós e nossos inimigos. Uma vez que entramos no abrigo para ovelhas, podemos "esquecer" todos os perigos e ameaças. Podemos desfrutar do esquecimento divino e descansar na proteção do Grande Pastor.

JAL

*Cristo é a porta que nos mantém protegidos,
deixando o perigo para fora.*

DEVOLIONAL *do* **DIA 56** — *Restauração*

A queda

Por anos após a Grande Depressão, o mercado de ações lutou para ganhar novamente a confiança dos investidores. Então, em 1952, Harry Markowitz sugeriu que os investidores espalhassem suas ações por várias companhias e indústrias. Ele desenvolveu uma teoria para seleção de portfólio que ajudou investidores em momentos de incerteza. Em 1990, Markowitz e dois outros ganharam o Prêmio Nobel de Ciências Econômicas por sua teoria.

> LEITURA:
> **Miqueias 7:8,9,18-20**
>
> ...ele me tirará para a luz, e eu verei a sua justiça. v.9

Como aqueles investidores inseguros, nós que somos seguidores de Jesus podemos também nos encontrar paralisados pelo medo após uma "queda" em nossa vida pessoal, incertos de como juntar os pedaços e continuar a caminhada. Podemos inclusive investir o restante de nossa vida esperando por um "momento Markowitz," em que uma grande ideia ou ação pode nos ajudar a recuperarmo-nos de um fracasso anterior.

Esquecemos que Jesus já fez isso por nós. Ele cobriu nossa vergonha e nos liberta para termos comunhão com Deus e servi-lo diariamente. Porque Ele deu Sua vida e ressuscitou dos mortos, podemos nos "levantar" com Ele quando "caímos", pois Ele "...tem prazer na misericórdia" (MIQUEIAS 7:8,18).

No momento em que encontramos Jesus, inicia-se nossa eternidade com Ele. O Senhor caminha ao nosso lado para nos transformar em pessoas que ansiamos ser e que fomos criados para ser. 🌿

RKK

Olhe para cima após um fracasso e encontrará Deus diante de você, pronto para recebê-lo.

DEVOCIONAL do DIA 57 *Proclamando o evangelho*

Busca pelo tesouro

No livro de J. R. R. Tolkien, *O Hobbit*, os anões reúnem-se contra Smaug, o feroz dragão, para recuperar seu tesouro roubado. Apesar da busca perigosa e assustadora, Balin, o segundo no comando dos anões, expressou confiança em Thorin: "Há um que eu seguiria. Há um a quem eu chamaria de Rei." Seu comprometimento com a missão, por mais perigosa que fosse, foi reforçado por sua confiança em seu líder.

> **LEITURA:**
> **Mateus 4:18-22**
>
> **E disse-lhes: Vinde após mim, e eu vos farei pescadores de homens.** v.19

No começo do ministério terreno de Jesus, Ele reuniu um grupo ao Seu redor que realizaria a missão do Reino, que era resgatar o tesouro de almas perdidas retido por nosso inimigo, Satanás. Quando Ele os chamou, lhes disse: "...Vinde após mim..." (MATEUS 4.19). Para eles, seguir Jesus significaria uma transição radical do pescar peixes à aventura de serem pescadores de homens e mulheres que estivessem perdidos e dominados pelo pecado. Mas a tarefa não seria sempre fácil; Jesus referiu-se à jornada como sendo o carregar de nossa cruz para segui-lo (MATEUS 16:24; MARCOS 8:34; LUCAS 9:23).

Como permanecemos empenhados na batalha de recuperar os tesouros perdidos de Cristo quando isso parece assustador ou desagradável? Mantendo nossos olhos em nosso Líder. Ele sim é digno — Aquele que podemos seguir, Aquele a quem podemos chamar de Rei! 🌰

JMS

Siga seu Líder para alcançar a vida dos que estão ao seu redor.

DEVOCIONAL do DIA 58 — *Confiança*

A visão do céu

No **período** de um ano, a lucrativa editora de Richard LeMieux faliu. Em pouco tempo, sua riqueza desapareceu e ele entrou em depressão. LeMieux passou a abusar do álcool e sua família o abandonou devido a isso. Na pior fase de sua vida, ele não tinha onde morar, estava arruinado e desamparado. Entretanto, foi durante essa época que ele se voltou a Deus. Mais tarde ele escreveu um livro sobre o que aprendera.

> **LEITURA:**
> Dt 8:1-3,11-16
>
> ...todas as coisas cooperam para o bem daqueles que amam a Deus...
> Romanos 8:28

Os israelitas aprenderam algumas lições espirituais valiosas quando Deus lhes permitiu passar pela dificuldade de não ter onde morar, pela incerteza e pelo perigo. Suas dificuldades os deixaram mais humildes (DEUTERONÔMIO 8:1-18).

Eles aprenderam que Deus os proveria com o necessário. Quando tiveram fome, Ele lhes deu o maná. Quando tiveram sede, Ele lhes deu água de uma rocha. Deus lhes ensinou que, apesar dos momentos difíceis, Ele poderia lhes abençoar (v.1). Finalmente, os israelitas aprenderam que a adversidade não é um sinal de abandono. Moisés lembrou-lhes de que Deus os havia liderado por 40 anos no deserto (v.2).

Quando nos deparamos com momentos de desespero, podemos procurar lições espirituais dentro de nossas dificuldades — lições que podem nos ajudar a confiar naquele que faz todas as coisas cooperarem para o nosso bem e para a Sua glória (ROMANOS 8:28).

JBS

A visão mais clara dos acontecimentos é aquela que vem do céu.

DEVOCIONAL *do* **DIA 59** *Inveja*

O que queremos?

inha amiga Maria me disse que nem sempre canta os hinos por completo durante o culto e afirma: "Não parece honesto cantar 'Tudo o que desejo é Jesus' se o meu coração quer muitas outras coisas também." Valorizo a honestidade dela.

No livro de Salmo 73:25, as palavras de Asafe soam como sendo de um homem profundamente comprometido com Deus e que nada deseja além de Deus: "...Não há outro em quem eu me compraza na terra." Mas não foi assim que ele começou esse salmo. Inicialmente, ele admitiu que queria a prosperidade que outros ao seu redor tinham: "Pois eu invejava os arrogantes..." (v.3). Mas ao aproximar-se de Deus, ele reconheceu que era tolice ter inveja (vv.21,22,28).

> **LEITURA:**
> **Salmo 73:1-3,21-28**
>
> Quem mais tenho eu no céu? Não há outro em quem eu me compraza na terra. v.25

Mesmo quando conhecemos Deus, geralmente nos distraímos pela prosperidade de outros. C. S. Lewis escreveu: "Nosso Senhor poderia não considerar nossos desejos fortes demais, mas, sim, fracos demais [...]. Nós nos agradamos muito facilmente" com coisas inferiores a Ele.

O que aprendemos sobre Deus nesse salmo pode ajudar quando os nossos desejos tiram nossa atenção do melhor de Deus? Bem, vemos que, mesmo sendo tentados a invejar o que outros têm, Ele nos guia continuamente e leva a nossa atenção novamente a Ele. O Senhor "...é a fortaleza do meu coração e a minha herança para sempre" (v.26).

AMC

Uma dose diária da sabedoria de Deus pode curar a doença cardíaca chamada inveja.

DEVOCIONAL do DIA 60 — *Semelhança de Cristo*

Lição da dor de dente

"Quando era criança, eu tinha muita dor de dente", C. S. Lewis escreveu em seu livro clássico *Cristianismo puro e simples* (Ed. ABU, 1989). Ele continuou: "e sabia que, se me queixasse à minha mãe, ela me daria algo que faria passar a dor naquela noite e me deixaria dormir. Porém, eu não me queixava à minha mãe — ou só o fazia quando a dor se tornava insuportável. [...] Sabia que, na manhã seguinte, ela me levaria ao dentista. Eu não podia obter dela o que queria sem obter também outra coisa, que não queria. Queria o alívio imediato da dor; mas, para ter isso, teria de submeter meus dentes ao tratamento completo".

> **LEITURA:**
> **Hebreus 12:3-11**
> É para disciplina que perseverais (Deus vos trata como filhos)... v.7

Do mesmo modo, nós nem sempre podemos querer ir a Deus de pronto quando temos um problema ou lutamos em certa área. Sabemos que Ele poderia prover alívio imediato para nossa dor, mas Deus está mais preocupado em lidar com a raiz do problema. Podemos ter medo de que Ele revele questões com as quais estamos despreparados ou indispostos para lidar.

Em momentos como esses, é útil nos lembrarmos de que o Senhor nos "...trata como filhos..." (HEBREUS 12:7). Sua disciplina, ainda que eventualmente dolorosa, é sábia; e Seu toque é amoroso. Ele nos ama demais para nos deixar permanecer como estamos; Ele quer nos moldar à imagem de Seu Filho, Jesus (ROMANOS 8:29). Podemos confiar nos propósitos de amor de Deus mais do que em qualquer um de nossos medos.

PFC

A disciplina de Deus é a disciplina do amor.

DEVOCIONAL do DIA 61 — *Amor de Deus*

Deus generoso

Quando nossa família morou em Chicago, há muitos anos, desfrutamos de muitos benefícios. Próximo ao topo de minha lista estavam os incríveis restaurantes que pareciam tentar se superar, não apenas na excelente culinária, mas também nos tamanhos das porções. Em uma lanchonete italiana, minha esposa e eu pedíamos meia porção de nosso macarrão favorito e ainda tínhamos o suficiente para levar como jantar para a noite seguinte! As porções generosas nos faziam sentir como se estivéssemos na casa da vovó, que derramava amor por meio da comida.

> **LEITURA:**
> **Efésios 3:14-21**
>
> [Deus] ...é poderoso para fazer infinitamente mais do que tudo quanto pedimos ou pensamos... v.20

Também sinto um amor expansivo quando leio que meu Pai celestial liberou sobre nós as riquezas de Sua graça (EFÉSIOS 1:7,8) e que Ele é capaz de fazer "...infinitamente mais do que tudo quanto pedimos ou pensamos..." (3:20). Sou tão grato pelo fato de que o nosso Deus não seja mesquinho que, a contragosto, distribua Suas bênçãos em pequenas porções. Antes, Ele é o Deus que derrama perdão ao pródigo (LUCAS 15), e diariamente nos coroa "...de graça e misericórdia" (SALMO 103:4).

Há momentos em que pensamos que Deus não nos proveu como gostaríamos. Mas, se Ele não fizesse nada mais além de perdoar nossos pecados e nos garantir o céu, já seria abundantemente generoso! Alegremo-nos hoje em nosso generoso Deus.

JMS

Louve ao Deus de quem todas as bênçãos fluem!

DEVOCIONAL do DIA 62 *Segurança eterna*

Estamos seguros

O **Depósito de Ouro** dos Estados Unidos em Fort Knox, Kentucky, é um edifício fortificado que armazena cinco mil toneladas de barras de ouro e outros itens preciosos confiados ao governo federal. Fort Knox é protegida por uma porta de 22 toneladas e recursos como alarmes, câmeras de vídeo, campos minados, arame farpado, cercas elétricas, guardas armados e helicópteros *Apache* camuflados. Com base no nível de segurança, Fort Knox é considerado um dos lugares mais seguros do mundo. Por mais segura que Fort Knox seja, há outro lugar mais seguro e cheio de algo que é mais precioso do que ouro: o Céu guarda o nosso dom da vida eterna.

> **LEITURA:**
> **1 Pedro 1:3-5**
>
> [Deus] ...nos regenerou [...] para uma herança incorruptível, sem mácula, imarcescível, reservada nos céus para vós outros. vv.3,4

O apóstolo Pedro encorajou os cristãos a louvar a Deus porque temos uma "esperança viva" — uma expectativa certa que cresce e ganha força conforme aprendemos mais sobre Jesus (1 PEDRO 1:3). E nossa esperança é fundamentada no Cristo ressurreto. Seu dom de vida eterna nunca estará em ruína como resultado de forças hostis. Nunca perderá sua glória ou vigor, porque Deus o tem mantido e continuará mantendo-o seguro no céu. Não importa qual mal nos atingir em nossa vida aqui, Deus está guardando a nossa alma. Nossa herança está segura.

Como um cofre dentro de outro cofre, nossa salvação está protegida por Deus e nós estamos seguros.

MLW

Uma herança no céu é o lugar mais seguro possível.

DEVOCIONAL do DIA 63 — *Amor*

Os filhos do mundo

Depois que um grupo de estudantes do Ensino Médio visitou um orfanato durante uma viagem missionária, um estudante ficou claramente chateado. Quando lhe perguntaram o motivo, ele disse que se lembrou de como era a sua situação dez anos antes.

Esse jovem vivera num orfanato em outro país. Ele disse que se recordava de pessoas que o vinham visitar e visitavam seus amigos — assim como esses estudantes fizeram — e depois iam embora. Ocasionalmente, alguém voltava e adotava uma criança. Mas, todas as vezes que ele era deixado para trás, pensava: o que há de errado comigo?

> **LEITURA:**
> **Tiago 1:22–2:1**
>
> A religião pura e sem mácula, para com o nosso Deus e Pai, é esta: visitar os órfãos e as viúvas nas suas tribulações... v.27

Quando os adolescentes visitaram o orfanato — e depois foram embora — aqueles antigos sentimentos voltaram a ele. Por esse motivo, os outros no grupo oraram por ele — e agradeceram a Deus porque um dia uma mulher (sua nova mãe) apareceu e o escolheu como seu filho. Foi uma comemoração de um ato de amor que deu esperança a um menino.

Por todo o mundo, há crianças que precisam saber do amor de Deus por elas (MATEUS 18:4,5; MARCOS 10:13-16; TIAGO 1:27).

Claramente nem todos podem adotar ou visitar essas crianças — e realmente não é esperado que o façamos. Mas todos podemos fazer uma coisa: amparar. Encorajar. Ensinar. Orar. Quando amamos as crianças do mundo, honramos o nosso Pai, que nos adotou como parte de Sua família (GÁLATAS 4:4-7).

JDB

Quanto mais o amor de Cristo cresce em nós, mais ele flui de nós.

DEVOCIONAL do DIA 64 — *Amor de Deus*

Sorria!

Um estudo recente que li concluiu que sorrir pode ser bom para a saúde. As pesquisas demonstram que sorrir desacelera o coração e reduz o estresse.

Mas sorrir não é apenas bom para você; um sorriso genuíno também abençoa aqueles que o recebem. Sem dizer uma palavra, pode comunicar a outros que você gosta e se agrada deles. Um sorriso pode abraçar alguém com amor sem que a pessoa seja tocada.

A vida nem sempre nos dá razões para sorrir. Mas, quando vemos um sorriso sincero no rosto de uma criança ou em um rosto com rugas da idade, nosso coração se encoraja.

> **LEITURA:**
> **Números 6:22-27**
>
> O Senhor faça resplandecer o rosto sobre ti e tenha misericórdia de ti. v.25

Os sorrisos são também uma alusão à imagem de Deus em nós. Na antiga bênção registrada no livro de Números, temos um indicador de que Deus "sorri": "...o Senhor faça resplandecer o rosto sobre ti e tenha misericórdia de ti; o Senhor sobre ti levante o rosto e te dê a paz" (NÚMEROS 6:25,26). Essas palavras são a expressão hebraica para o favor de Deus na vida de uma pessoa, pedindo que Deus sorria para Seus filhos.

Portanto hoje, lembre-se de que você é amado por Deus e de que Ele se agrada de ser atencioso e de resplandecer Sua face sobre você.

JMS

Seu sorriso pode ser uma mensagem de ânimo enviada por Deus a uma alma necessitada.

DEVOCIONAL *do* **DIA 65** *Provações*

Socorro na estrada

Um conhecido meu caçava com amigos perto de Balmoral, propriedade rural da rainha da Inglaterra. Na caminhada, ele torceu o tornozelo tão severamente que não conseguia continuar. Então disse a seus amigos que continuassem e ele esperaria à beira da estrada.

Enquanto estava lá sentado, um carro que descia a estrada reduziu a velocidade e parou. A mulher que dirigia abaixou o vidro e perguntou se ele estava bem. Ele explicou que estava esperando seus amigos retornarem. Ela disse: "Entre no carro; eu levo você até onde está hospedado". Ele mancou até o carro e ao abrir a porta percebeu que a mulher era a rainha Elizabeth!

> LEITURA:
> **Salmo 46**
>
> **Deus é o nosso refúgio e fortaleza, socorro bem presente nas tribulações.** v.1

Por mais que receber socorro da rainha da Inglaterra seja algo surpreendente, nós temos uma oferta de socorro que é ainda maior. O Deus Criador do Universo desce ao nosso mundo, vê a nossa dificuldade e oferece Seus recursos para nos ajudar. Como o salmista afirma confiantemente, "Deus é [...] socorro bem presente nas tribulações" (SALMO 46:1). Nosso Salvador nos ajuda ao nos dar graça para persistir, Sua Palavra para nos manter, amigos para nos encorajar e orar por nós, e dando-nos a confiança de que Ele, no fim das contas, tudo fará para que todas as coisas cooperem para o nosso bem espiritual.

Da próxima vez em que você se sentir fracassado à beira da estrada da vida, procure o seu Ajudador.

JMS

Alegre-se! O seu Deus é um Rei ajudador!

DEVOCIONAL do DIA 66 — *Amor*

Não pratique o mal

Muitos consideram que o médico grego Hipócrates foi o pai da medicina ocidental. Ele entendeu a importância dos princípios morais na prática da medicina e tem o crédito de ter escrito o juramento de Hipócrates, que ainda serve como guia ético para os médicos de hoje. Um conceito chave do juramento é "nunca causar dano." Isso sugere que um médico fará apenas o que ele acredita que beneficiará os seus pacientes.

> **LEITURA:**
> **Romanos 13:8-10**
>
> O amor não pratica o mal contra o próximo; de sorte que o cumprimento da lei é o amor. v.10

O princípio de não causar dano estende-se aos nossos relacionamentos na vida diária. Na verdade, a benevolência é algo central no ensino do Novo Testamento sobre amar os outros. Ao refletir sobre a lei de Deus, Paulo vê que o amor é o intento por trás de muitas ordenanças bíblicas: "O amor não pratica o mal contra o próximo; de sorte que o cumprimento da lei é o amor" (ROMANOS 13:10).

A cada dia que seguimos Jesus Cristo nosso Salvador, somos confrontados com escolhas que afetarão a vida de outros. Quando escolhemos uma atitude a tomar, deveríamos nos perguntar: "Isto reflete a preocupação de Cristo com outros, ou só estou preocupado comigo mesmo?". Tal sensibilidade demonstra o amor de Cristo que procura curar os feridos e ajudar aqueles que necessitam.

HDF

Preocuparmo-nos com os fardos de outros nos ajuda a esquecermos os nossos.

DEVOCIONAL do DIA 67　　　　　　　　*Testemunho*

Torne atraente

A história é de um jovem que, em uma época distante, estava a bordo de um trem para ganhar dinheiro vendendo maçãs. Ele andava pelo vagão dizendo: "Maçãs! Você gostaria de comprar uma maçã?". Ao chegar ao vagão do fundo, a cesta ainda estava cheia de maçãs e sem dinheiro algum.

Um senhor que percebeu sua situação o chamou num canto e pediu para ver uma das maçãs. Ele foi até a frente do trem, poliu a maçã com um guardanapo e então andou pelo corredor comendo a maçã e comentando sobre como estava deliciosa e refrescante. Depois disse ao jovem que tentasse novamente. Desta vez, ele vendeu todas as maçãs. A diferença? As maçãs passaram a ser atraentes para os possíveis consumidores.

> LEITURA:
> **Colossenses 4:2-6**
>
> **Portai-vos com sabedoria para com os que são de fora; aproveitai as oportunidades.** v.5

Essa história nos lembra de um modo de criarmos interesse nos outros pelo evangelho de Jesus Cristo: torne-o atraente aos outros — mostre-lhes a diferença que ele tem feito em nossas próprias vidas. A melhor maneira de fazer isso é seguindo as palavras de Paulo em Colossenses 4:5, que diz: "Portai-vos com sabedoria para com os que são de fora; aproveitai as oportunidades". Se demonstramos bondade, amor e compaixão a outros, aqueles que nos observam se perguntarão por que o fazemos, e isso pode nos dar abertura para falar-lhes sobre a beleza do amor de Deus por eles.

JDB

---

*A beleza de uma vida transformada pode atrair outros
àquele que nos faz belos.*

DEVOCIONAL do DIA 68 — *Crescimento espiritual*

Foco no processo

o livro *Como escrever bem* (Ed. PubliFolha, 2017), de William Zinsser, o autor diz que muitos escritores sofrem da "tirania do produto final." Eles ficam tão preocupados em vender seu artigo ou livro que negligenciam o aprendizado do processo de como pensar, planejar e organizar. Zinsser acredita que a produção de um manuscrito confuso acontece quando "o escritor, de olho na linha de chegada, não considerou como fazer a corrida".

O autor e pastor A. W. Tozer aplica esse princípio à nossa vida espiritual. Em seu livro *A raiz dos justos* (Ed. Mundo Cristão, 2009), Tozer descreve nossa tendência de nos preocuparmos "apenas com o fruto [...] e ignorarmos a raiz da qual o fruto brota".

> **LEITURA:**
> **2 Pedro 1:2-11**
>
> ...estas coisas [...] fazem com que não sejais nem inativos, nem infrutuosos no [...] conhecimento de nosso Senhor Jesus Cristo. v.8

O apóstolo Pedro lembrou os cristãos do primeiro século de que o viver como Cristo e o serviço eficaz são o resultado de um processo. Ele os instou a crescer em outras áreas do desenvolvimento espiritual: fé, virtude, conhecimento, domínio próprio, perseverança, piedade, fraternidade e amor (2 PEDRO 1:5-7). Se você tiver essas qualidades de modo contínuo, Pedro disse: "...não sejais nem inativos, nem infrutuosos no pleno conhecimento de nosso Senhor Jesus Cristo" (v.8).

Deus nos chama para um maravilhoso processo de aprendizado, para conhecê-lo, com a certeza de que isso resultará em serviço produtivo em Seu nome e para Sua honra.

DCM

A vida cristã é um processo em que aprendemos a depender completamente de Deus.

DEVOCIONAL do DIA 69 — *Ajuda de Deus*

Sobre a preocupação

Minha amiga me deu um copo grande de água e me disse para segurá-lo. Quanto mais tempo o segurava, mais pesado ele parecia. Finalmente, minha mão se cansou e tive de parar de segurar o copo. "Aprendi que a preocupação pode ser como segurar esse copo", disse ela. "Quanto mais me preocupo com algo, mais meus medos me empurram sob o seu peso."

O rei Davi conhecia o medo. Toda a sua vida fora virada de cabeça para baixo. O seu filho Absalão lhe roubara a fidelidade da nação de Israel e estava tentando tomar o trono para si. Davi não sabia quem lhe era leal e quem estava contra ele. Sua única opção parecia ser correr. Ele disse aos seus servos: "...Dai-vos pressa a sair, para que [Absalão] não nos alcance de súbito, lance sobre nós algum mal..." (2 SAMUEL 15:14).

> **LEITURA:**
> **Salmo 3**
>
> SENHOR, como tem crescido o número dos meus adversários!... v.1

Podemos ler num salmo que Davi pode ter escrito enquanto fugia para salvar sua vida: "Com a minha voz clamo ao SENHOR, e ele do seu santo monte me responde" (SALMO 3:4). Em meio ao medo, Davi buscou o Senhor. Deus lhe concedeu graça e lhe restituiu o trono.

São muitas as preocupações que podem nos oprimir. Mas, quando as colocarmos nas fortes mãos de Deus, Ele nos ajudará ao longo das nossas provações.

AMC

A preocupação é um fardo que Deus nunca quis que suportássemos.

DEVOCIONAL do DIA 70 — *Amor*

Amor e carinho

Marcos gerencia uma pequena fazenda como se fosse o seu passatempo. Recentemente, ao verificar sua criação de vacas, surpreendeu-se ao ver um bezerro recém-nascido! Quando comprou o gado, não tinha ideia de haver uma vaca prenhe. Infelizmente, a vaca mãe teve complicações e morreu pouco depois de seu bezerro nascer. Imediatamente, Marcos comprou um pouco de leite em pó para poder alimentar o bezerro com uma garrafa. "O bezerro pensa que eu sou a mãe dele!", disse Marcos.

> **LEITURA:**
> **1 Ts 2:1-7**
>
> ...nos tornamos carinhosos entre vós, qual ama que acaricia os próprios filhos. v.7

A terna história do novo papel de Marcos com o bezerro me lembrou de como Paulo se comparou a uma mãe cuidadosa ao lidar com os cristãos de Tessalônica: "...nos tornamos carinhosos entre vós...", disse ele, "...qual ama que acaricia os próprios filhos" (1 TESSALONICENSES 2:7).

Paulo adotou uma atitude carinhosa ao ensinar as pessoas. Ele sabia que os cristãos precisavam do "leite da palavra" para o crescimento espiritual (1 PEDRO 2:2). Mas ele também deu atenção especial às preocupações daqueles dos quais cuidou. "...como pai a seus filhos, a cada um de vós", disse Paulo, "exortamos, consolamos e admoestamos, para viverdes por modo digno de Deus..." (1 TESSALONICENSES 2:11,12).

Ao servirmos uns aos outros, que possamos servir com o amor e carinho do nosso Salvador, encorajando-nos mutuamente em nossa jornada espiritual (HEBREUS 10:24).

HDF

Deus derrama o Seu amor em nosso coração
para que possamos amar outras pessoas.

DEVOCIONAL do DIA 71 — *Crescimento espiritual*

Gráfico de crescimento

Se, algum dia, minha família se mudar da casa onde vivemos agora, quero tirar as dobradiças e levar a porta da despensa comigo! Essa porta é especial porque mostra como os meus filhos têm crescido ao longo dos anos. Todos os meses, meu marido e eu colocamos nossas crianças contra a porta e fazemos a lápis uma marca logo acima de suas cabeças. De acordo com a nossa tabela de crescimento, minha filha cresceu dez centímetros em apenas um ano!

> **LEITURA:**
> **2 Pedro 3:10-18**
>
> ...crescei na graça e no conhecimento de nosso Senhor e Salvador Jesus Cristo... v.18

Embora meus filhos cresçam fisicamente como parte natural da vida, há outro tipo de crescimento que acontece com algum esforço — nosso crescimento espiritual em semelhança a Cristo. Pedro encorajou os cristãos a crescerem "...na força e no conhecimento de [...] Jesus..." (2 PEDRO 3:18). Ele disse que o amadurecimento na nossa fé nos prepara para a volta de Cristo.

O apóstolo desejava que, ao voltar, Jesus encontrasse os cristãos vivendo em paz e retidão (v.14). Pedro via o crescimento espiritual como uma defesa contra o ensino que interpreta incorretamente a Palavra de Deus e leva as pessoas a se desviarem (vv.16,17).

Mesmo quando nos sentimos desencorajados e desconectados de Deus, podemos nos lembrar de que Ele nos ajudará a avançar em nossa fé, tornando-nos mais semelhantes ao Seu Filho. Sua Palavra nos assegura de que "...aquele que começou boa obra em vós há de completá-la até ao Dia de Cristo Jesus" (FILIPENSES 1:6).

JBS

O crescimento espiritual requer o alimento sólido da Palavra de Deus.

DEVOCIONAL do DIA 72 — *Proclamando o evangelho*

As garras da morte

A atleta **Lauren** Kornacki está feliz por ter feito um curso de verão sobre reanimação cardiopulmonar (RCP), mas provavelmente nunca pensou que teria de usá-lo tão cedo e com alguém que ama. Seu pai estava consertando o seu carro quando o "macaco" escorregou e o carro caiu sobre ele. Relataram que Lauren, 22 anos, levantou heroicamente o carro de 1.500 quilos o suficiente para tirar seu pai de debaixo dele! Em seguida, o manteve vivo com RCP até os paramédicos chegarem.

Muito maior do que o resgate de Lauren ao tirar o seu pai das garras da morte é o resgate de Jesus por nós das garras do pecado por meio de Sua morte e ressurreição. Quando Jesus enviou os Doze discípulos para realizarem a Sua obra, Ele lhes deu a incumbência de anunciar as boas-novas do desejo de Deus de resgatar as pessoas (LUCAS 9:1-6). Eles não fariam isso em suas próprias forças: mas Jesus levantaria o pesado fardo do pecado do povo enquanto ensinavam sobre Ele. Sua pregação e cura no poder e autoridade de Jesus provou que Ele havia realmente trazido o governo de Deus para a Terra.

Nos dias de hoje, muitas pessoas estão presas sob o peso do pecado, mas o nosso grande Deus pode nos resgatar do peso desses fardos e, em seguida, nos enviar ao mundo para dizer aos outros que Ele pode libertá-los.

MLW

> **LEITURA:**
> **Lucas 9:1-6**
>
> Então, saindo, percorriam todas as aldeias, anunciando o evangelho e efetuando curas por toda parte. v.6

Os resgatados do pecado são os mais capacitados a ajudar no resgate de outros.

DEVOCIONAL do DIA 73 — Paz

Tempos incertos

Durante uma grande crise econômica ocorrida vários anos atrás, muitas pessoas perderam seus empregos. Infelizmente, meu cunhado foi uma delas. Escrevendo-me sobre a situação deles, minha irmã compartilhou que, embora tivessem incertezas, sentiam paz, pois sabiam que Deus cuidaria deles.

Aqueles que creem em Jesus podem ter paz em meio às incertezas, porque temos a certeza de que o nosso Pai celestial ama os Seus filhos e cuida de nossas necessidades (MATEUS 6:25-34). Podemos levar todas as nossas preocupações a Ele com atitude de gratidão, confiando nele para satisfazer as nossas necessidades e nos dar paz (FILIPENSES 4:6,7).

> **LEITURA:**
> **Filipenses 4:6-9**
>
> E a paz de Deus, que excede todo o entendimento, guardará o vosso coração e a vossa mente em Cristo Jesus. v.7

Essa "...paz de Deus, que excede todo o entendimento...", escreve o apóstolo Paulo, "...guardará o vosso coração e a vossa mente em Cristo Jesus" (v.7). Dizer que a paz de Deus excede todo o entendimento revela que não podemos explicá-la, mas podemos vivenciá-la, pois Ele guarda os nossos corações e mentes.

A nossa paz provém da confiança de que o Senhor nos ama e está no controle. Somente Ele proporciona o conforto que acalma os nossos nervos, preenche as nossas mentes com esperança e nos permite relaxar, mesmo em meio a mudanças e desafios. PFC

Tu, Senhor, conservarás em perfeita paz aquele cujo propósito é firme...
ISAÍAS 26:3

DEVOCIONAL do DIA 74 — *Confiança*

Paranoia inversa

Lembro-me de assistir aos noticiários de televisão em 1991, quando uma revolução não violenta ocorreu nas ruas de Moscou. Os russos que tinham crescido no totalitarismo declararam, de repente: "Agiremos como se fôssemos livres", tomando as ruas e encarando tanques de guerra. O contraste entre os rostos dos líderes nos prédios e as massas nas ruas mostrou quem estava realmente com medo e quem era realmente livre.

> **LEITURA:**
> **1 João 4:1-6,17-19**
>
> No amor não existe medo; antes, o perfeito amor lança fora o medo. Ora, o medo produz tormento... v.18

Assistindo aos noticiários transmitidos da Praça Vermelha na televisão finlandesa, tive uma nova definição de *fé*: paranoia inversa. Uma pessoa verdadeiramente paranoica organiza a sua vida em torno de uma perspectiva comum de medo. Tudo que acontece alimenta esse medo.

A fé age no sentido inverso. Uma pessoa de fé organiza sua vida em torno de uma perspectiva comum de confiança, não de medo. Apesar do caos aparente do momento presente, Deus reina. Independentemente de como eu possa me sentir, realmente sou importante para um Deus de amor.

O que poderia acontecer se nós, no reino de Deus, realmente agíssemos como se as palavras do apóstolo João fossem literalmente verdadeiras: "...maior é aquele que está em vós do que aquele que está no mundo" (1 JOÃO 4:4)? O que aconteceria se verdadeiramente começássemos a viver como se a oração mais repetida da cristandade tivesse realmente sido respondida — que a vontade de Deus seja feita assim na terra como no céu?

PDY

Alimentar a sua fé ajuda a fazer morrer de fome os seus medos.

DEVOCIONAL do DIA 75 — Amor

"Sem graça"

Dei ao nosso carro o apelido "Sem graça". As manhãs de domingo são as piores. Carrego o carro com todas as coisas de que preciso para a igreja, sento no meu banco, fecho a porta, e meu marido começa a dar marcha-à-ré para sair da garagem. Enquanto ainda estou me ajeitando, o alarme do cinto de segurança começa a tocar. "Por favor", eu digo a ele, "só preciso de mais um minuto". Aparentemente, a resposta é não, porque ele continua a soar até eu afivelar o cinto.

> **LEITURA:**
> **1 Pedro 4:1-11**
>
> A discrição do homem o torna longânimo, e sua glória é perdoar as injúrias. Provérbios 19:11

Esse pequeno aborrecimento é um bom lembrete de como a vida seria se, na verdade, não existisse a graça. Cada um de nós seria imediatamente chamado a responsabilizar-se a cada indiscrição. Nao haveria tempo para arrependimento ou mudança de comportamento. Não haveria perdão. Nem piedade. Nem esperança.

Às vezes, viver neste mundo se parece com cair em um buraco sem graça. Quando pequenas falhas são ampliadas em grandes imprudências, ou quando as pessoas se recusam a ignorar as falhas e ofensas dos outros, acabamos sobrecarregados pelo peso de culpa que nunca fomos feitos para transportar. Em Sua graça, Deus enviou Jesus para carregar o fardo por nós.

Aqueles que recebem o dom da graça de Deus têm o privilégio de oferecê-lo aos outros em nome de Cristo: "Acima de tudo, porém, tende amor intenso uns para com os outros, porque o amor cobre multidão de pecados" (1 PEDRO 4:8).

JAL

Quando somos gratos pela graça que recebemos,
damo-la com alegria aos necessitados.

DEVOCIONAL do DIA 76 — *Humildade*

No cimo do monte

Em minha vida estive em vários topos de montanhas e posso dizer que pouca coisa cresce no alto. Os cumes de montanhas têm rocha nua e líquens. Eles não são o lugar onde você normalmente encontraria uma abundância de cereais.

Mas Salomão, que escreveu o Salmo 72, pediu a Deus que uma "abundância de cereais [...] até o cimo dos montes" caracterizasse o seu reinado. Se cereais na montanha são tão incomuns, o que Salomão está sugerindo? Que o poder de Deus pode produzir resultados até mesmo no solo menos promissor?

Talvez você pense em si mesmo como uma pessoa pequena, com muito pouco a trazer para o reino. Encoraje-se: Deus pode produzir uma colheita abundante por seu intermédio. Essa é uma das ironias da fé: Deus usa o insignificante para realizar o grande. Poucos de nós são sábios ou nobres; muitos são sábios e anônimos e estão longe de ser extraordinários. Mesmo assim, todos nós podemos ser usados. E, ao contrário do que poderíamos pensar, é por nossa fraqueza que podemos ser usados por Deus (1 CORÍNTIOS 1:27-29; 2 CORÍNTIOS 12:10).

É possível ser muito grande ou orgulhoso para ser usado por Deus, mas nunca podemos ser pequenos demais. "...da fraqueza [tiramos] força..." (HEBREUS 11:34). Pelo grande poder de Deus, podemos fazer tudo que Ele nos chamou a fazer.

DHR

> **LEITURA:**
> **Salmo 72:12-20**
>
> Haja na terra abundância de cereais, que ondulem até aos cimos dos montes... V.16

Para experimentar o poder de Deus, precisamos antes de tudo admitir que somos fracos.

DEVOCIONAL do DIA 77 — *Contentamento*

Sentindo-se preso?

Boécio viveu na Itália do século 6.º e serviu à corte real como político altamente qualificado. Infelizmente, caiu em desgraça com o rei. Ele foi acusado de traição e preso. Enquanto aguardava a execução, pediu materiais para escrever, para poder compor suas reflexões. Mais tarde, elas se tornaram um clássico espiritual sobre a consolação.

> LEITURA:
> **Salmo 16:1-11**
>
> ...aprendi a viver contente em toda e qualquer situação.
> Filipenses 4:11

Quando Boécio estava na prisão, ponderando sobre suas perspectivas sombrias, sua fé em Cristo inspirou-o: "Nada é miserável, exceto o que se pensa ser assim; e por outro lado, toda classe social é feliz se quem nela estiver, se contentar." Ele compreendeu que é uma escolha pessoal a maneira como vemos as circunstâncias e o contentamento.

O apóstolo Paulo reforçou a ideia de que a maneira como vemos as nossas circunstâncias é mais importante do que as próprias circunstâncias. Enquanto ele estava na prisão, também escreveu: "...aprendi a viver contente em toda e qualquer situação" (FILIPENSES 4:11). Esses dois homens conseguiam se contentar porque a sua satisfação final encontrava-se em Deus, que nunca muda.

Você está preso a circunstâncias difíceis? Deus pode lhe dar contentamento. A satisfação duradoura só pode ser encontrada nele, porque em Sua "...presença há plenitude de alegria, [em sua] destra, delícias perpetuamente" (SALMO 16:11).

HDF

Quando tudo o que você tem é Deus, você tem todo o necessário.

DEVOCIONAL do DIA 78 — *Serviço*

Lugares pequenos

Com frequência, encontro pessoas que servem naquilo que pensam ser, aparentemente, coisas pequenas em pequenos lugares. Frequentemente se desencorajam pela solidão, sentindo que seus atos de serviço são insignificantes. Quando as ouço falar, penso num dos anjos do livro *Além do planeta silencioso* de C. S. Lewis (Ed. Martin Fontes, 2010). Ele disse: "O meu povo tem uma lei de nunca falar a você sobre tamanhos ou números. [...] Isso faz você reverenciar irrelevâncias e deixar passar o que é realmente grande".

> **LEITURA:**
> **Isaías 49:1-6**
>
> **Pois quem despreza o dia dos humildes começos...**
> Zacarias 4:10

Às vezes, a cultura diz que o maior é melhor — que o tamanho é a verdadeira medida do sucesso. Uma pessoa precisa ser forte para resistir a essa tendência, especialmente se estiver trabalhando num lugar pequeno. Mas não podemos "deixar passar o que é realmente grande". Não é que os números não sejam importantes (afinal, os apóstolos contavam seus convertidos; veja Atos 2:41). Os números representam pessoas vivas com necessidades eternas. Todos nós devemos trabalhar e orar para que muitas pessoas entrem no reino, mas os números não podem ser a base para a autoestima.

Deus não nos chama para encontrar a satisfação na quantidade de trabalho que fazemos por Ele, ou no número de pessoas que fazem parte desse trabalho, mas na fidelidade em fazer o nosso trabalho por causa dele. Servir ao nosso grande Deus com a Sua força de um modo simples não é um trampolim para a grandeza — é a grandeza. 🌿

DHR

---

*Qualquer pessoa que faça a obra de Deus da Sua maneira
é importante aos Seus olhos.*

DEVOCIONAL *do* DIA 79 — *Proclamando o evangelho*

Água para o mundo

Embora **70%** do mundo seja coberto por água, menos de 1% dela pode ser ingerida por seres humanos. A conservação e o saneamento da água são questões cruciais em muitas partes do mundo, uma vez que toda a vida depende de água potável.

Jesus saiu de Seu caminho habitual para apresentar a água que dá vida a uma mulher perdida. Ele deliberadamente escolheu ir a uma cidade em Samaria, um lugar onde nenhum rabino respeitável poria os pés. Lá, Ele contou a essa mulher sobre a "água viva". Aquele que beber dela, disse Ele, "...nunca mais terá sede...". Ela "...será nele uma fonte a jorrar para a vida eterna" (JOÃO 4:14).

> LEITURA:
> **João 4:7-15**
>
> **Quem crer em mim, como diz a Escritura, do seu interior fluirão rios de água viva.** v.38

A água viva é o próprio Jesus. Aqueles que o recebem têm a vida eterna (v.14). Mas a água viva que Ele oferece também tem outra função. Sobre quem a recebe, Jesus disse: "...do seu interior fluirão rios de água viva" (7:38). A água viva que nos refresca deve também refrescar os outros.

Assim como a distribuição de água doce no mundo é desigual, também é a distribuição de água viva. Muitas pessoas não conhecem os seguidores de Jesus que realmente se preocupam com elas. É nosso o privilégio de compartilhá-lo. Cristo é, afinal, a água viva de quem as pessoas estão sedentas. ❖

CPH

Jesus é a fonte inesgotável de água viva para o mundo sedento.

DEVOCIONAL do DIA 80 — *Perdão*

A graça do perdão

Enquanto conversava com uma pianista talentosa, ela me perguntou se eu tocava algum instrumento musical. Quando lhe disse: "Toco o rádio", ela riu e perguntou se eu alguma vez quis tocar algum instrumento. Minha resposta envergonhada foi: "Tive aulas de piano quando menino, mas desisti". Agora, em minha vida adulta, me arrependo de não ter continuado com o piano. Gosto de música e gostaria de poder tocá-la hoje. Essa conversa foi um novo lembrete para mim de que, frequentemente, a vida é constituída pelas escolhas que fazemos — e algumas delas produzem arrependimento.

> **LEITURA:**
> **Salmo 32:1-7**
>
> Enquanto calei os meus pecados, envelheceram os meus ossos pelos meus constantes gemidos todo o dia. v.3

Algumas escolhas produzem arrependimentos muito mais graves e dolorosos. O rei Davi descobriu isso quando decidiu dormir com a mulher de outro homem e, depois, matou esse mesmo homem. Ele descreveu a culpa devastadora que o consumiu, dizendo: "Enquanto calei os meus pecados, envelheceram os meus ossos pelos meus constantes gemidos todo o dia. Porque a tua mão pesava dia e noite sobre mim, e o meu vigor se tornou em sequidão de estio" (SALMO 32:3,4). Mas Davi reconheceu e confessou o seu pecado a Deus e encontrou perdão (v.5).

Podemos receber a graça do perdão somente de Deus quando as nossas escolhas produzirem arrependimentos dolorosos. E somente nele encontramos a sabedoria para fazermos escolhas melhores.

WEC

O perdão de Deus nos liberta dos grilhões do arrependimento.

DEVOCIONAL do DIA 81 *Proclamando o evangelho*

Procurando Zaqueu

Alf Clark anda pelas ruas da cidade à procura de Zaqueu. Bem, não aquele da Bíblia — Jesus já o encontrou. Esse pastor e alguns amigos que servem num ministério urbano fazem o que Jesus fez no livro de Lucas 19. Eles percorrem propositadamente a cidade para encontrar e ajudar aos necessitados. Clark anda de casa em casa em seu bairro, batendo nas portas e dizendo a quem aparece nelas: "Oi, sou Clark. Você tem necessidades pelas quais eu possa orar?". Essa é a sua maneira de iniciar a conversa e — como Jesus fez com o cobrador de impostos Zaqueu — oferecer conselhos necessários, vida espiritual e esperança.

> LEITURA:
> **Lucas 19:1-10**
>
> ...Hoje, houve salvação nesta casa... v.9

Perceba o que Jesus fez. Lucas simplesmente diz que Jesus "...atravessava..." Jericó (LUCAS 19:1). É claro que uma multidão se reuniu, como costumava ocorrer quando Jesus vinha à cidade. Sendo "...de pequena estatura", Zaqueu subiu numa árvore. Jesus, ao passar, foi até aquela árvore e disse que tinha de visitar a sua casa. Naquele dia, a salvação foi à casa de Zaqueu. Jesus tinha vindo "...buscar e salvar o perdido" (v.10).

Estamos procurando por Zaqueu? Ele está em todo o lugar, precisando de Jesus. De que maneira podemos compartilhar o amor de Cristo com as pessoas que necessitam do Salvador?

JDB

*As boas-novas de Deus são boas demais
para guardarmos para nós mesmos.*

DEVOCIONAL do DIA 82 — *Segurança eterna*

A obra de nossas mãos

primavera fora substituída pelo verão, e as plantações estavam começando a produzir frutos quando nosso trem rolava pela paisagem fértil. Os morangos estavam maduros e as pessoas estavam ajoelhadas no orvalho da manhã para colher os doces frutos. Arbustos de mirtilo extraíam do céu o brilho do sol e, da terra, nutrientes.

Após passarmos por vários campos de frutas amadurecendo, chegamos a uma pilha de metal enferrujado abandonado. A dura imagem de sucata de metal alaranjada saindo da terra fazia um nítido contraste com o verde suave das lavouras. O metal nada produz. A fruta, por outro lado, cresce, amadurece e nutre os seres humanos famintos.

> **LEITURA:**
> **Isaías 17:7-11**
>
> **Porquanto te esqueceste do Deus da tua salvação [...] a colheita voará...**
> vv.10,11

O contraste entre a fruta e o metal me lembra das profecias de Deus contra cidades da antiguidade como Damasco (ISAÍAS 17:1,11). Ele diz: "Porquanto te esqueceste do Deus da tua salvação [...] a colheita voará..." (ISAÍAS 17:10,11). Essa profecia serve como um aviso atual sobre o perigo e a futilidade de pensar que podemos produzir algo por nós mesmos. Sem Deus, a obra de nossas mãos se tornará uma pilha de ruínas. Mas, quando nos unimos a Deus na obra de Suas mãos, Ele multiplica o nosso esforço e fornece alimento espiritual para muitos.

JAL

"...sem mim nada podeis fazer".
—JESUS (JOÃO 15:5)

DEVOCIONAL do DIA 83 *Amor*

Marcas de família

**LEITURA:
1 João 4:7-16**

Amados, amemo-nos uns aos outros, porque o amor procede de Deus; e todo aquele que ama é nascido de Deus e conhece a Deus. v.7

As ilhas Aran, ao largo da costa oeste da Irlanda, são conhecidas por suas belas malhas de lã. Para a criação das vestimentas, os padrões são tecidos com lã de ovelha. Muitos modelos refletem a cultura e o folclore dessas pequenas ilhas, mas alguns são mais pessoais. Cada família das ilhas tem a marca registrada que os distingue, que lhes é tão característica. Diz-se que, se um pescador se afogar, poderia ser identificado simplesmente pelo exame de sua malha de lã com a marca registrada da família.

No livro de 1 João, o apóstolo descreve coisas que devem ser as marcas distintivas dos membros da família de Deus. No livro de 1 João 3:1, João afirma que somos realmente parte da família de Deus, dizendo: "Vede que grande amor nos tem concedido o Pai, a ponto de sermos chamados filhos de Deus...". Em seguida, descreve as marcas registradas daqueles que são os filhos de Deus, incluindo: "Amados, amemo-nos uns aos outros, porque o amor procede de Deus; e todo aquele que ama é nascido de Deus e conhece a Deus" (4:7).

Porque "Deus é amor", a principal maneira de refletir o coração do Pai é demonstrando o amor que o caracteriza. Que possamos permitir que o Seu amor alcance os outros por nosso intermédio — pois o amor é uma das marcas registradas de nossa família.

WEC

---

*O amor é a semelhança familiar que o mundo deveria ver
nos seguidores de Cristo.*

DEVOCIONAL do DIA 84 — *Salvação*

Tal qual estou

Minha mente se encheu de boas lembranças quando fui assistir a um concerto. O líder da banda anunciou a música que iriam cantar: *Tal qual estou*. Lembrei-me de como ao final dos sermões, meu pastor pedia às pessoas para irem à frente ao entoarmos esse hino indicando que elas queriam receber o perdão de Cristo.

Mas o líder daquela banda comentou que gosta de pensar que, algum dia, quando morrer e for ao encontro do Senhor, cantará em agradecimento a Ele:

> *Tal qual estou eis-me, Senhor*
> *Pois o teu sangue remidor*
> *Verteste pelo pecador;*
> *Ó Salvador, me achego a Ti!* (CC 266)

> **LEITURA:**
> **Isaías 55:1-7**
>
> **Inclinai os ouvidos e vinde a mim; ouvi, e a vossa alma viverá...** v.3

Anos antes de escrever esse hino, Charlotte Elliott perguntou a um pastor como poderia encontrar-se com o Senhor. Ele lhe respondeu: "Venha a Ele como você está." Ela o fez e, mais tarde, durante um período desanimador de doença, escreveu esse hino sobre o dia em que foi a Cristo e Ele a perdoou dos seus pecados. O Senhor nos incentiva a buscá-lo em Sua Palavra: "Buscai o Senhor enquanto se pode achar, invocai-o enquanto está perto" (ISAÍAS 55:6). Ele chama os nossos corações: "Ah! Todos vós, os que tendes sede, vinde às águas [...]. Inclinai os ouvidos e vinde a mim; ouvi, e a vossa alma viverá..." (vv.1,3).

Graças à morte e ressurreição de Jesus, podemos ir a Ele agora mesmo e, um dia, iremos à eternidade para estar com Ele para sempre. Tal qual estou, me achego a ti! ❖

AMC

...Aquele que tem sede venha, e quem quiser receba de graça a água da vida. **APOCALIPSE 22:17**

DEVOCIONAL do DIA 85 — *Unidade*

Verdadeiros vínculos

Quando precisei de um chaveiro para poder entrar em meu carro, tive uma agradável surpresa. Depois que ele chegou e começou a abrir a porta de meu pequeno carro, começamos a conversar e reconheci seu caloroso e familiar sotaque.

Descobri que meu salvador era da Jamaica — uma terra que visitei muitas vezes e que aprendi a amar. Isso tornou um acontecimento negativo em positivo. De certa forma, compartilhávamos o amor por aquela linda nação.

> LEITURA:
> **Efésios 2:11-18**
>
> **...todos vós sois um em Cristo Jesus.**
> Gálatas 3:28

Isso me pareceu um lembrete de um companheirismo ainda maior — a alegria de conhecer alguém novo e descobrir que essa pessoa também é cristã.

Em alguns lugares isso é comum, pois existem muitos cristãos. Mas, em terras onde há poucos cristãos, encontrar alguém mais que ama Jesus deve ser uma alegria ainda maior. É emocionante compartilharmos a incrível realidade da libertação do pecado por meio de Cristo!

Para todos aqueles que conhecem a Jesus, há um vínculo compartilhado, uma unidade em Cristo (GÁLATAS 3:28), uma alegria da comunhão que pode iluminar até mesmo o dia mais escuro. Louvado seja Deus que traz um vínculo de unidade a todos que reconhecem Jesus como Salvador.

JDB

A comunhão cristã nos edifica e nos une.

DEVOCIONAL do DIA 86 — *Provações*

Encontrando o caminho de Deus

O Eurotúnel foi inaugurado em 6 de maio de 1994, quase dois séculos depois de ser primeiramente proposto em 1802 pelo engenheiro de Napoleão, Albert Mathieu. Hoje, os 50 km de passagem por baixo do Canal da Mancha permitem que milhares de pessoas, carros e caminhões viajem de trem a cada dia entre a Inglaterra e França. Durante séculos as pessoas viajaram de navio pelo Canal, até que essa surpreendente nova forma de viajar sob o canal estivesse completa.

> **LEITURA:**
> **Salmo 77:10-20**
>
> Pelo mar foi o teu caminho; as tuas veredas, pelas grandes águas... .v.19

Deus planejou uma rota inesperada para Seu povo também — sobre a qual lemos no livro de Êxodo 14:10-22. Confrontados pela morte certa, tanto pelo exército de Faraó ou por afogamento, os israelitas estavam em pânico. Mas Deus abriu o mar Vermelho, e eles caminharam em terra seca. Anos depois, o salmista Asafe usou esse acontecimento como evidência do Deus Todo-Poderoso: "Pelo mar foi o teu caminho; as tuas veredas, pelas grandes águas; e não se descobrem os teus vestígios. O teu povo, tu o conduziste, como rebanho, pelas mãos de Moisés e de Arão" (SALMO 77:19,20).

O Senhor pode construir estradas onde vemos apenas obstáculos. Quando o caminho à nossa frente parece incerto, é bom nos lembrarmos do que Deus fez no passado. Ele é especialista em abrir caminhos em todas as circunstâncias — caminhos que nos indicam o Seu amor e poder.

DCM

O Deus que criou o caminho para nossa salvação pode nos ajudar em meio às provações diárias.

DEVOCIONAL do DIA 87 — *Humildade*

Exemplo que incentiva

Conta-se a história de que, no final do século 19, um grupo de pastores europeus participou de uma conferência bíblica do evangelista D. L. Moody, nos EUA. Seguindo seu costume, os visitantes colocaram os sapatos para o lado de fora da porta dos quartos antes de dormir esperando que fossem limpos pelos funcionários do hotel. Quando Moody viu os sapatos, requisitou o serviço, pois sabia do costume dos hóspedes, mas não obteve resposta do hotel. Então, o evangelista coletou todos os sapatos e os limpou ele mesmo. Um amigo que fez uma visita inesperada ao seu quarto revelou o que Moody tinha feito. A notícia se espalhou, e, nas noites seguintes, outros se revezaram na limpeza.

> **LEITURA:**
> **2 Timóteo 2:1-7**
>
> ...eu, sendo o Senhor e o Mestre, vos lavei os pés [...] eu vos dei o exemplo, para que, como eu vos fiz, façais vós também.
> João 13:14,15

O estilo humilde de liderança desse pastor inspirou outros a seguirem seu exemplo. O apóstolo Paulo lembrou a Timóteo: "...fortifica-te na graça que está em Cristo Jesus. E o que de minha parte ouviste através de muitas testemunhas, isso mesmo transmite a homens fiéis e também idôneos para instruir a outros" (2 TIMÓTEO 2:1,2). Ao lembrarmos que nossa força é resultado da graça de Deus, nos mantemos humildes. Assim, com humildade, transmitimos a verdade de Deus, ao sermos exemplo que encoraja e inspira outros a segui-lo.

Jesus é o nosso exemplo de submissão. Ele entregou a Sua própria vida por nós. 🌿

AL

Humildade é o resultado de conhecer a Deus e a si mesmo.

DEVOCIONAL do DIA 88 — *Semelhança de Cristo*

A parábola da picada

inda posso ver a expressão de susto de meu amigo quando apareci em frente à sua casa, há quase 50 anos, com um "bando" de abelhas ao meu redor. Enquanto eu corria para fora, percebi que as abelhas tinham ido embora. Mais ou menos — eu as tinha deixado dentro da casa! Momentos depois, meu amigo correu para fora, perseguido pelas abelhas que eu tinha levado até ele.

Levei muitas picadas, sem muitas consequências. Para o meu amigo foi diferente. Mesmo com apenas uma ou duas picadas de "minhas" abelhas, seus olhos e garganta incharam numa dolorosa reação alérgica. Minhas ações causaram-lhe muita dor.

> LEITURA:
> **1 Pedro 2:9-12**
>
> ...observando-vos em vossas boas obras, glorifiquem a Deus no dia da visitação. v.12

Esse é o retrato do que acontece em nossos relacionamentos também. Prejudicamos outros quando nossas ações não são como as de Cristo. Mesmo após pedirmos desculpas, a "picada" dói.

As pessoas estariam certas em esperar menos aspereza e mais paciência dos que seguem a Cristo. Às vezes, esquecemos que as pessoas que lutam com a fé, com a vida ou com os dois, observam os cristãos com expectativas. Esperam ver menos raiva e mais misericórdia, menos julgamento e mais compaixão, menos crítica e mais encorajamento. Jesus e Pedro nos orientaram a vivermos de boas obras, para que Deus seja glorificado (MATEUS 5:16; 1 PEDRO 2:12). Que as nossas ações e reações reflitam nosso amoroso Pai aos que estão ao nosso redor.

RKK

Que outros possam ver menos de mim e mais de Jesus.

DEVOCIONAL do DIA 89 — *Esperança*

Há esperança?

Sentei silenciosamente ao lado da sepultura de meu pai, aguardando o início do enterro de minha mãe. Quando foi trazida a urna contendo as cinzas dela, senti como se estivesse com o coração entorpecido e a mente embaçada. Como vou suportar perder os dois dentro de um período de apenas três meses? Em meu pesar, me senti perdida, sozinha e um pouco sem esperança de como enfrentar o mundo sem eles.

> **LEITURA:**
> **Mateus 28:1-10**
>
> Ele não está aqui; ressuscitou, como tinha dito... v.6

Então, o pastor leu sobre outra sepultura. No primeiro dia da semana, cedo de manhã, mulheres foram ao túmulo de Jesus, levando aromas para Seu corpo (MATEUS 28:1; LUCAS 24:1). Chegando lá, ficaram assustadas ao encontrar um túmulo aberto e vazio — e um anjo. "...Não temais," ele lhes disse (MATEUS 28:5). Elas não precisavam ter medo do túmulo vazio ou do anjo, porque ele tinha boas notícias.

A esperança ressurgiu quando ouvi as seguintes palavras: "Ele não está aqui; ressuscitou, como tinha dito..." (v.6). Porque Jesus ressuscitou, a morte foi vencida! O Senhor lembrou a Seus seguidores, dias antes de Sua morte: "...porque eu vivo, vós também vivereis" (JOÃO 14:19).

Embora lamentemos a perda de nossos amados, encontramos esperança por meio da ressurreição de Jesus e Sua promessa de que há vida após a morte.

AMC

Porque Ele vive, nós vivemos.

DEVOCIONAL do DIA 90 — Bondade

Trevas à distância

No livro *O Hobbit* (Martins Fontes, 2002), de J. R. R. Tolkien, Gandalf explica porque escolheu uma pequena criatura como Bilbo para acompanhar os duendes na luta contra o inimigo. Ele diz: "Saruman acredita que somente um grande poder é capaz de manter o mal sob controle, mas não é o que descobri. São as pequenas ações de pessoas comuns que mantêm as trevas distantes. Pequenos gestos de bondade e amor."

> **LEITURA:**
> **Mateus 5:11-16**
>
> ...brilhe também a vossa luz diante dos homens, para que vejam as vossas boas obras e glorifiquem a vosso Pai que está nos céus. v.16

Jesus nos ensina isso também. Ao avisar-nos que viveríamos em tempos de trevas, Ele nos lembrou que, por Sua causa, somos "a luz do mundo" (MATEUS 5:14) e que nossas boas ações seriam o poder contra a escuridão, para a glória de Deus (v.16). Pedro, escrevendo aos cristãos que enfrentavam grande perseguição, disse-lhes que vivessem de forma que aqueles que os acusavam, "...observando-vos em vossas boas obras, glorifiquem a Deus no dia da visitação" (1 PEDRO 2:12).

Há um poder que as trevas não podem conquistar — a força dos atos amorosos de bondade feitos em nome de Jesus. É o povo de Deus que dá a outra face, anda mais uma milha, perdoa e ainda ama seus inimigos. Assim, busque a oportunidade privilegiada de realizar atos de bondade hoje para trazer a luz de Cristo a outros.

JMS

Ilumine seu mundo com um ato de bondade.

UM PRESENTE

Felicidade. Não é algo que todos nós queremos? Passamos muito tempo buscando isso em coisas significativas como amor, uma casa confortável e boa alimentação, um bom trabalho e amigos fiéis. Queremos ser saudáveis, seguros, livres de preocupações e financeiramente estáveis.

Muitas dessas coisas que desejamos e valorizamos podem ter sido o que Jesus tinha em mente quando disse aos Seus discípulos: "Buscai, antes de tudo, o seu reino, e estas coisas vos serão acrescentadas" (LUCAS 12:31). Jesus entende nossas necessidades e desejos. Contudo, Ele morreu na cruz como um sacrifício por nossos pecados, para que possamos ter algo muito além de qualquer um desses desejos: a verdadeira alegria e a felicidade de viver nele.

> "Buscai, antes de tudo, o seu reino, e estas coisas vos serão acrescentadas."

Quando Jesus andou pela Terra, Ele nos deu algumas palavras de sabedoria atemporal que colocam as coisas em perspectiva e nos mostram como encontrar o que estamos procurando (MATEUS 5:1-10). De acordo com o Mestre, as pessoas mais ricas do mundo não são as materialmente abastadas e famosas, mas as que reconhecem sua desesperada necessidade pela presença de Deus. As pessoas mais abençoadas de todas são aquelas que lembram de seus erros ao ponto de renderem-se a Deus, clamando por Seu perdão, misericórdia e salvação.

Jesus, o Filho de Deus, sacrificou a Sua vida e morreu na cruz para pagar o maior presente de todos. Se a Bíblia está nos dizendo a verdade sobre nós mesmos, não precisamos apenas de felicidade ou da vida livre de preocupações. Precisamos de misericórdia. Precisamos de perdão. Precisamos abrir o nosso coração para o resgate imerecido que Deus concede a qualquer um que queira receber o supremo presente de um relacionamento com o Seu Filho, Jesus (JOÃO 1:11,12).

Jesus fez por nós o que jamais poderíamos fazer por nós mesmos. Quando reconhecemos agradecidos essa dádiva de misericórdia e perdão, participamos do melhor de todos os relacionamentos como filhos de Deus.

CONSTRUINDO UM RELACIONAMENTO COM DEUS

O **relacionamento com Deus** e com outras pessoas se constrói alicerçado na comunicação.

Deus se comunica com você por Sua Palavra, e, ao lê-la, pergunte-se: "O que isto significa?", pois a Bíblia tem orientações para todos os momentos da vida. Questione: "De que maneira devo mudar minha atitudes a partir deste texto?". O Espírito Santo pode transformar os seus pensamentos, palavras e comportamento à medida que você permitir que Ele utilize os Seus princípios para moldá-lo.

Sua resposta a Deus. Confesse os seus pecados e agradeça-o por Suas promessas. Peça-lhe que dê maior compreensão sobre o significado do texto e para essas palavras o ajudarem a ser mais parecido com Jesus.

Anote, registre o seu crescimento na fé. A lembrança das anotações o influenciarão no decorrer do dia.

Construir bons relacionamentos exige empenho, comunicação, paciência, confiança e tempo. Com Deus não é exceção. Invista tempo em oração, leitura e meditação de Sua Palavra. Permita que Ele toque cada área da sua vida. Reconheça a Sua voz. Ouça-o. Separe momentos regulares, e a sua comunhão com o Senhor será mais íntima e profunda.

Os resultados dirão que o seu esforço valeu a pena.

Extraído e adaptado do livreto da série *Descobrindo a Palavra, Cumprindo nossa agenda com Deus* © 2013 Ministérios Pão Diário.

Índice temático

TEMA	DATA
Adoração	15
Ajuda de Deus	69
Amor	28,45,63,66, 70,75,83
Amor de Deus	15,21,22,28, 40,61,64
Bíblia	30,34,50
Bondade	90
Céu	6,52
Confiança	55,58,74
Conforto	54
Confrontação	37
Contentamento	77
Crescimento espiritual	34,68,71
Criação	22
Cristo, Mediador	53
Descanso	20
Deus, Pai	2
Disciplina	60
Dons espirituais	18,29
Esperança	39,89
Espírito Santo	18,26
Fé	12,74
Fidelidade de Deus	9,44
Filhos de Deus	33
Generosidade	32
Graça de Deus	35,75
Gratidão	47
Hipocrisia	51
Humildade	76,87
Idolatria	45
Inveja	59
Liderança	21

TEMA	DATA
Líderes espirituais	16
Medo	14
Modo de comunicar	17,27
Morte de Cristo	31
Oração	26,34,46
Paciência	4
Paz	73
Pecado	48
Perdão	80
Perseguição	5
Poder de Deus	1,8,43,76,86
Preconceito	24
Preocupação	69
Presença de Deus	14,38
Proclamando o evangelho	49,57, 72,79,81
Provações	1,6,9,15,44,52,58, 65,73,86
Relacionamento	37
Ressurreição de Cristo	31,89
Restauração	56
Retorno de Cristo	19
Salvação	23,47,72,79,84
Segurança eterna	62
Semelhança de Cristo	7,11,19, 38,40,60,88
Serviço	3,25,41,78,82
Soberania de Deus	10,42
Testemunho	67,88
Unidade	13,85
Vontade de Deus	36